王 娜 著

权力与公平：
两种权力感的作用

新华出版社

图书在版编目（CIP）数据

权力与公平：两种权力感的作用/王娜著．－－北京：新华出版社，2021.7
ISBN 978-7-5166-5984-7

Ⅰ.①权… Ⅱ.①王… Ⅲ.①权力－研究 Ⅳ.①D033

中国版本图书馆 CIP 数据核字 (2021) 第 149459 号

权力与公平：两种权力感的作用

作　　者：王　娜	
责任编辑：唐波勇	封面设计：优盛文化
出版发行：新华出版社	
地　　址：北京石景山区京原路 8 号	邮　　编：100040
网　　址：http://www.xinhuapub.com	
经　　销：新华书店、新华出版社天猫旗舰店、京东旗舰店及各大网店	
购书热线：010-63077122	中国新闻书店购书热线：010-63072012
照　　排：优盛文化	
印　　刷：定州启航印刷有限公司	
成品尺寸：170mm×240mm	
印　　张：10.25	字　　数：190 千字
版　　次：2021 年 7 月第一版	印　　次：2021 年 7 月第一次印刷
书　　号：ISBN 978-7-5166-5984-7	
定　　价：52.00 元	

版权专有，侵权必究。

前　言

　　权力与公平是社会关注的热点问题，也是影响国计民生、社会和谐稳定的重要问题。本研究主要探究权力与公平行为之间的关系如何受权力控制感、权力责任感和识解水平的影响。

　　研究分为四个部分：研究一探讨权力感的维度结构，并编制权力感测量工具，检验两种权力感理论的合理性和测量工具的可靠性。结果表明，权力感包括权力控制感和权力责任感的理论假设成立，编制的权力感问卷具有良好的信效度指标，可以使用所编制的问卷测量两种权力感。

　　研究二探讨两种权力感对分配公平的影响，并且比较了两种权力感导致的权力人的识解水平差异。研究结果表明，两种权力感对分配公平具有不同的效应，权力责任感导致更公平的分配，而权力的控制感降低分配的公平性。两种权力感会导致识解水平的差异，权力责任感引发的识解水平高于权力控制感引发的识解水平。

　　研究三考察了两种权力感与识解水平在权力人个体特征与分配公平行为关系中的作用机制。结果表明，在权力人特征与分配公平的关系中，两种权力感起到中介作用，而识解水平的操作会改变权力人特征与权力感和公平行为的关系，因而起到调节作用。

　　研究四考察了两种权力感与识解水平在权力来源与分配公平行为关系中的作用机制。结果表明，在权力来源与分配公平的关系中，权力感与识解水平会分别起到中介作用和调节作用；而权力对象关系调节了权力感对分配公平的影响。

　　最后，研究者总结了本研究结果在权力与公平研究中的理论意义和在官员选拔、教育及防治腐败方面的现实意义，具有一定的参考价值。

目 录

1 问题提出 / 001
    1.1 研究权力与公平问题的现实必要性 / 001
    1.2 权力与公平研究的理论必要性 / 003
    1.3 本研究拟解决的关键问题 / 006

2 文献综述 / 008
    2.1 权力的概念、操作及理论 / 008
    2.2 权力特征对公平行为的消极和积极影响 / 015
    2.3 权力人特征对公平行为的消极和积极影响 / 019
    2.4 权力影响公平行为的调节变量 / 025
    2.5 权力影响公平行为的中介变量：权力感 / 030
    2.6 识解水平与权力感的相互影响 / 044

3 整体研究构思和研究假设 / 050
    3.1 以往研究的不足 / 050
    3.2 本研究目的和整体研究构思 / 052

4 研究一 权力感量表编制和效度验证 / 055
    4.1 研究目的 / 055
    4.2 两种权力感量表的构思依据 / 055
    4.3 实验1：权力感结构探索与验证 / 060
    4.4 实验2：权力感量表的效度检验 / 066
    4.5 讨论 / 068
    4.6 结论 / 070

5 研究二 两种权力感对识解水平和分配公平的影响 / 071

    5.1 研究目的 / 071

    5.2 研究假设 / 071

    5.3 实验3：权力感对分配公平和识解水平的影响 / 073

    5.4 讨论 / 076

    5.5 结论 / 079

6 研究三 权力人特征对分配公平的影响：权力感的中介作用及识解水平的调节作用 / 080

    6.1 研究目的 / 080

    6.2 研究假设 / 080

    6.3 实验4：社会支配取向对分配公平的影响：权力感的中介作用和识解水平的调节作用 / 083

    6.4 实验5：社会价值取向对分配公平的影响：权力感的中介作用和识解水平的调节作用 / 087

    6.5 讨论 / 091

    6.6 结论 / 092

7 研究四 权力特征对分配公平的影响：权力感和识解水平的作用 / 094

    7.1 研究目的 / 094

    7.2 研究假设 / 094

    7.3 实验6：权力来源与权力对象关系对分配公平的影响：权力感的中介作用和识解水平的调节作用 / 097

    7.4 讨论 / 105

    7.5 结论 / 109

8 总讨论 / 110

    8.1 主要研究结果 / 110

    8.2 两种权力感的存在及其中介效应 / 111

    8.3 权力的识解水平差异及其对行为的影响 / 112

    8.4 权力与行为关系的整合及东西方文化差异 / 113

    8.5 本研究的理论贡献 / 114

8.6 本研究结果的实践意义 / 115
8.7 本研究的不足和未来研究展望 / 119

参考文献 / 121

附 录 / 143

附录一 两种权力感问卷 / 143
附录二 文化价值取向量表 / 144
附录三 权力感启动材料和分配情境 / 145
附录四 词汇范畴判断材料 / 147
附录五 行为识别问卷 / 148
附录六 社会支配取向SDO测量 / 149
附录七 识解水平启动材料 / 151
附录八 社会价值取向测量 / 152
附录九 社会关系分配材料 / 153

Power tends to corrupt, and absolute power corrupts absolutely.

——Lord Acton（1887）

修身，齐家，治国，平天下。

——《礼记·大学》

1 问题提出

1.1 研究权力与公平问题的现实必要性

1.1.1 权力与公平是社会关注的热点问题

公平是最基本的社会规范。Folger（1984）认为，公平赋予人们某种不可或缺的意义，其重要性无论如何强调都不为过。权力是能够提供或扣留有价值的资源或者进行惩罚的能力（Anderson and Berdahl, 2002；Emerson, 1962；Fiske, 1993；Kipnis, 1972）。权力是重要的社会现象，是社会结构的重要组成部分。权力制度是一种有效的管理方式，是社会正常运行的保障（魏秋江，段锦云，范庭卫，2012）。权力与公平一直是社会关注的热点话题，如何促使权力者更公平有效地管理社会事务不仅是社会学、政治学、管理学、经济学、心理学等领域学者关注的问题，更与人们的日常生活息息相关。现实社会生活中，权力是社会决策背景下的资源分配过程，权力的运用会影响到自我和他人。社会资源如何分配、能否公平分配不仅是社会规范的问题，还涉及个人与个人之间、个人与群体之间、群体与群体之间的利益分配，甚至会影响整个社会的和谐与稳定。公平是权力腐败问题首先违反和侵害的原则，腐败的实质就是自私与不公。因此，探讨权力与公平之间的关系、探寻影响权力与公平的机制具有研究的理论意义和社会的现实价值。

1.1.2 权力常常导致不公平、自利、腐败等行为

"权力导致腐败，绝对的权力导致绝对的腐败"这一论断成为很多探讨权力的研究的开篇语（Handgraaf et al.，2008）。长期以来，包括哲学、伦理学、政治学、社会学、法学、心理学、管理学、经济学等在内的几乎所有社会科学领域的所有学科都从各自的角度对权力与腐败之间的关系进行过探讨（孟德斯鸠，1961；洛克，1964；迪韦尔热，1987），得出了很多有价值的结论。比如，政治学、社会学的研究认为，权力总是和利益联系在一起（李丽坤，2005），权力就是"获得明显利益的当前手段"（Thomas Hbobes，1958）。腐败是公共权力中的官员以公共权力为资本，背离公共利益目标，为个人或小集体谋取私利（Thye，2000）。权力能促使以牺牲他人利益为代价满足行动者利益的不公平资源分配（Emerson，1972，1981）。心理学对权力的研究主要集中于权力对个人行为的影响方面。早期许多研究表明，权力多与刻板化、自我中心、自利、个体目标追求、较少关注他人、低同理心等许多消极行为有关（Charles et al.，1994；Thye，2000；De Cremer，2003；De Cremer and Van Dijk，2005；Blader and Chen，2012）。许多领域的研究证明，权力会影响公平，并且常常是负面的影响（韦庆旺、余国良，2009）。理论和实证研究表明，权力的存在或激发容易导致自利、腐败、冒险、激进、自我膨胀等现象，进而引发一些社会问题。从实践经验上看，无论是在历史长河中，还是当代社会，无论是在国内还是国外，权力导致腐败与不公的事件和新闻屡见不鲜，举不胜举。例如，掌权者将公司财产用于个人奢侈消费，形成巨额浪费导致公司破产；领导干部给予子女、亲信更多的照顾和偏袒、分配更多的资源和机会等。

1.1.3 约束权力、克服腐败是当前改革与发展的重要议题

与西方文化相比，中国文化是权力距离比较大的文化（于洁、张丽萍，2008），随着改革开放和现代化进程的新一轮加速，权力腐败问题已成为国家和政府以至全社会共同关注的问题。理论上，腐败的本质就是自利与不公，通常表现为因自己的私利而侵害公利，或不公平地对待他人，或不公平地分配资源。当今社会，由于政府主导资源配置，容易出现权力者的腐败、自利和不公平行为。由于权力运用不当而造成的不公平被社会大众广为诟病，由权力导致腐败与不公平而引发的社会问题已经成为阻碍社会和谐发展、影响人们身心健

康的重要因素。国家领导人在政府工作报告以及各种会议讲话中多次提及"公平"话题，也多次强调权力的责任与对权力的约束。因此，探讨通过什么样的方式提高权力运用的公平性，克服自利和腐败，是当今社会关注的热点问题，也是影响国计民生、社会正义、和谐稳定、体制健全等的重要问题。对权力的社会心理学研究，以及对权力与公平关系问题的探讨，具有重要的理论意义和实践价值。

1.2 权力与公平研究的理论必要性

1.2.1 权力感是决定权力行为的重要中介因素

人们很容易找到证据证明权力与腐败、不公等行为之间的密切联系，似乎腐败是拥有权力不可避免的结果，权力在人们追求公平世界的过程中所起的作用似乎并不光彩。然而，作为社会的基本特征和所有社会关系的基础，如果权力所带来的都是不公、腐败等消极后果，那么它对整个社会运行以及人类进化都是一种灾难。事实上，Lord Acton 对人类滥用权力的悲观论断并没有真正代表事情的全部。近年来，权力的社会认知理论抛开价值论断，得出较为中性的结论，如认为权力与目标趋近行为相联系等。权力并不总是与不公、腐败等消极结果联系在一起。众多研究也表明，权力也会导致公平、利他等亲社会行为（Handgraaf et al., 2008；Anderson, John, and Keltne, 2012）。JanHofer（2010）等的研究表明，权力与两类集群行为有关，即亲社会行为和享乐（自利）行为。但是，对两类行为产生的条件、机制和影响因素等，却较少进行系统梳理和比较（Lammers, Stoker, and Stapel, 2009）。

权力本身就是一种社会结构变量，也是一种心理结构变量。心理学领域主要关注个体心理与行为的变化规律，因此所有的外部特征都要通过心理变量起作用。严格地说，心理学对权力的研究主要是将其作为心理结构变量研究权力的心理体验对行为的影响（Perceived power, experienced power）。从心理层面上看，魏秋江、段锦云等（2012）认为，权力本身是外在的、抽象的，而权力感是对权力的主观心理体验。与权力有关的各种外部情境和客观建构都要经过心理状态的变量才能影响行为。权力感是对自己影响他人、控制事物能力的知觉（Keltneret et al., 2003；Anderson, John, and Keltner, 2012；Oyserman, Coon, and Kemmelmeier, 2002），一个人的主观权力感对行为产生的影响会比他实际拥有的权力更大。作为主观心理体验，权力感是决定行为的中介因素。权力感直接决定权力行为，是离行为最近的部分（Schmid Mast, 2010；Anderson and Berdahl, 2002）。因此，对权力感的准确把握是权力研究的关键（魏秋江、段锦云、范庭卫，2012）。

1.2.2 权力感的结构问题

Weber（1947）对权力的经典定义是"一个人在即使遇到抵抗的情况下也能实现自己意愿的概率"。尽管不同的学科领域对权力的界定有不同的观点，但绝大多数研究者都在不同程度上认可"权力就是控制"这一论断。其更多地将权力建立在个人取向的基础上，使心理学领域对权力的研究侧重于个体层面。对权力自我中心式的概念界定提升了个体对自我目标和利益的关注，因而表现出自利倾向和不关注他人需要的行为，产生了更多的消极结果。在西方文化中，对权力的界定一般侧重于个人做自己想做的事，不受约束，更加自由，以及通过采取行动满足自己的需要和实现目标的能力。Hobbes（1954）认为，拥有权力最重要的就是可以获得快乐。然而，不同文化背景可能产生不同类型的权力行为。比如，东方传统文化历来强调权力责任的重要性，"修身，齐家，治国，平天下""先天下之忧而忧，后天下之乐而乐"的权力观与西方"拥有权力最重要的就是其快乐的满足"形成鲜明的对比。西方近代理性启蒙运动认为个体是以一种彼此分离的、孤立的、封闭的单子式生存方式而存在的，这种理解直接塑造了一种个人自由、利益至上的自我本位文化，人我关系被描述成一场"一切人对一切人的战争"，当拥有权力时即变成了掌权者对对象的控制。东方文化则在更大的范围内看待人与人的关系，认为人与人是相互依存、相互影响的，看重社会和谐、人际共存，个人不能离开他人而生活；强调个人承担社会角色义务（岳彩镇、黄希庭、岳童，2012），是一种他人本位的核心价值观，个体站在他人立场做出判断和行为，当自我利益与他人利益发生冲突时甚至不惜牺牲自己的利益而优先满足他人的利益，极端的表现是东方文化对"舍生取义"的推崇。对中国人社会决策的心理实质而言，需要思考自我、人际、群际互动对决策的影响，重视与他人之间的联结和社会规范（李宇、王沛、孙连荣，2014）。权力从本质上来说是一种互依型的人际变量（韦庆旺、俞国良，2009）。Zhong 等（2006）认为，文化价值观可能会导致不同的权力概念建构和行为，即不同文化下的掌权者对权力的内在认知和行为可能存在差异。

宏观的文化环境可能导致不同的权力心理建构，但这并不足以解释到底哪些具体变量对哪些权力行为产生了怎样的影响。内在心理机制是产生行为的主要动因，也是心理学关注的焦点。然而，当前的权力感研究都是将其作为单一的结构，由于权力概念界定的文化差异，以往研究过度地强调了权力的控制感、自由感等，认为权力感就等同于控制感，而忽视了可能与权力有关的责任感等其他心理感受。不可否认，权力会给权力拥有者带来诸如不受约束、更自由的控制资源、更高的社会身份地位等回报，即自由感、控制感、被授权感。但同时，从社会生活以及生物进化的角度来说，一个群体中的权力拥有者也有带领群体更好地发展、提高他人（群体或社会成员）利益和福祉、保存活力和基因、避免被淘汰的责任（职责和义务），也就是说，有时权力也是使集体利益、他人利益最大化的手段（如公地困境中领导者的设立可以保证资源的合理有效运用）。担当起高权力的角色也意味着对责任的承担，权力越大，责任也越大。考察当前对权力的主流研究不难发现，由于文化取向和对权力概念界定的偏颇与不足，控制感受到了片面关注。我们认为，权力的责任感与权力的控制感都是与权力相伴而生的权力感受，两者可能导致行为结果上的分化，因此有必要对两种权力感进行对比研究。

1.2.3 识解水平与权力感、权力行为的关系问题

Galinsky等人（2003）认为权力不仅是社会学研究中的社会结构变量，更是一种动态的心理建构，任何时候对权力的启动都可以激活与权力有关的概念和行为倾向，改变了个体对事物的认知以及在情境中的行为（Guinote, 2007；Smith and Trope, 2006）。由客观权力环境带来的权力感变化，也必然与认知倾向和心理机制有关。随着权力的社会认知理论的兴起，权力背后的认知机制已成为研究的热点，成为权力效应的解释机制。例如，权力的趋近抑制理论、权力的情境聚焦理论、权力的识解水平（Constral Level Theory）理论等都试图从不同角度解释权力行为。其中，权力的识解水平理论认为，识解水平、心理距离与权力有密切关系，权力会增加识解水平，提高心理距离，以更抽象的方式思考问题。有关识解水平的研究大多得出识解水平对心理与行为有双向影响机制的结论（孙晓玲，张云，吴明证，2007；王霞，于春玲，刘成斌，2012；黄俊，李晔，张宏伟，2015；Smith, Wigboldus, and Dijksterhuis, 2008；Wakslak et al., 2006；Henderson, 2013；Bar-Anan, Liberman, and Trope, 2006；Smith and Trope, 2006；Smith, Wigboldus, and Dijksterhuis, 2008；陈海贤，2012），即行为有识解水平的差异，通过调整和改变识解水平也可以改变和影响行为。新近的研究表明，不仅权力产生抽象认知，抽象认

知反过来也会增强权力感。人们会根据识解水平的高低来判断事物心理距离的远近（Smith，Wigboldus，and Dijksterhuis，2008）。

但这些研究都是将权力和权力感作为一个整体来看待的，并没有区分两种权力感或权力行为，也没有对两种权力感或者两类权力行为结果（亲社会、利他、公平行为和反社会，自利，不公行为）的识解水平差异进行比较，是否与识解水平有关也没有进行严格的验证。认知神经科学的研究者也找到了与控制和责任相对应的脑区和神经机制。权力更多导致的是责任感还是控制感，可能与心理距离或识解水平有关。以往的研究认为，权力会导致更抽象的思维和高识解水平（Smith，Wigboldus，and Dijksterhuis，2008），从而导致目标聚焦行为。如果权力情境分别引发了责任感和控制感，那么其识解水平、行为效应等是否会有变化？有什么特点和差异？识解水平作为一种心理结构性认知，能否作为一种调节变量影响和改变权力感受和行为？这些都需要在研究中进行深入探讨。

1.3 本研究拟解决的关键问题

本研究重点探究影响权力与公平之间关系的心理变量及作用机制，着重揭示权力感和识解水平在权力与公平行为关系中的作用。研究拟解决以下关键问题。

第一，权力感的维度结构和测量方法问题。

第二，在权利人特征和权力特征对分配公平的影响中，权力控制感和责任感是否存在中介作用的问题。

第三，在权利人特征和权力特征对权力感和分配公平的影响中，识解水平是否起调节作用的问题。

对上述问题的回答，具有以下理论和实践意义。

（1）理论意义。

首先，本研究以本土化的理论视角探讨两种权力感的文化差异和特点，是对权力认识理论的拓展，两种权力感的视角完善了权力心理的结构，使人们对权力的认识更为全面、准确。

其次，本研究开发和编制两种权力感的测量问卷，是对权力研究的有效补充。通过对测量工具的开发和使用，可以更为详细准确地描述和测量心理现象，有助于对相关领域研究的拓展和深化，并可以使不同的研究之间更具有可比性。

再次，通过对权力感与识解水平在权力与公平间影响作用和机制的探讨，拓展了对权力心理影响机制的理解，对权力心理和行为，以及权力社会现象有更好的解释、预测和控制的作用。

最后，通过对权力感与识解水平在权力与公平间影响的作用路径和影响机制的研究，有助于整合以往分离的研究结论，对权力心理背后的心理机制有更深入的理解。

（2）实践意义。

首先，权力与公平是社会普遍关注的热点问题，也是影响国计民生的重要问题。对权力与公平影响机制的探讨有助于提高权力运用的效果，提高权力兑现公平的可能。

其次，以本土文化为基础进行权力研究，是对西方权力文化研究的补充和对比，是对本土文化研究的深化和拓展，有助于加强国际间文化的理解与交融。

再次，对权力与公平的影响因素和机制的探讨，有助于找到产生不同性质权力行为结果影响因素的共同特点，找到影响权力公平行为的直接原因，可以通过操控权力感和识解水平来改变权力行为，促进和达到社会公平的效果。

最后，在官员教育上，可以运用本研究的结果指导官员教育，使现实生活中的权力者能够从实证研究中得到启发和指导，能够更好地为社会服务。

拥有权力最重要的就是满足其自身的快乐。

——Hobbes (1954)

先天下之忧而忧，后天下之乐而乐。

——范仲淹《岳阳楼记》

2　文献综述

2.1　权力的概念、操作及理论

权力作为一种古老而迷人的社会现象，自人类产生伊始便成为社会生活的基本构成要素，从国家之间的争战，到动物的王权争霸，从商场企业的市场争夺，到人与人之间的关系，无处不见权力的身影。以至于尼采（1895）认为"对权力的无限追逐是推动人类社会发展的唯一动力"。人类社会对权力的追求与研究，在任何时代都受到人们的高度关注，且一直没有停止。作为社会科学中最基本、最重要的概念之一，"权力"几乎出现在社会科学的所有分支中，以至于 Russwn 把权力对社会科学的重要意义和地位，比作能量对物理学一样重要（Russwn，1938）。权力既是一个极为重要的概念，也是一个充满争议的概念，不同学科、不同学者对它有不同角度的界定和使用方式，对权力的研究做出了杰出的贡献。本节主要从社会学和心理学的角度探讨权力的概念、操作及理论。

2.1.1　权力的概念

权力及其作用，最初是政治学研究的核心议题，后来逐渐成为社会学和管理学研究的重点（于胜刚，2010）。在社会学和心理学研究领域，权力概念可分为四大类（焦石文，2009；姜朝晖，2005）。

1. 能力或力量说

Keltner（2001）等提出"权力是个体通过提供或撤销资源或实施处罚来改变他人所处状态的相对能力或力量"（Anderson et al.，2001）。这种观点认为，权力是一个人不顾反对把自己的意志强加于他人的一种能力或力量，认为权力是下达命令的权利和强迫别人服从的力量，是人为的影响或支配他人行为的强制性力量（姜朝晖，2005）。持这种权力观点的心理学研究认为权力是一种依赖于个体特征或情境的潜在力量，主要关注权力力量的大小、权力来源、基础（职权）、力量、动机等对权力行为的影响。

2. 影响力说

影响力说认为权力是主体根据需要影响他人的能力，指通过不同手段对他人产生的一种影响力（姜朝晖，2005）。心理学中对权力策略、权威、领导力等的权力研究，主要体现这种权力观点。Kipnis 等（1980）把权力视为影响他人的能力（Anderson and Thompson，2004）。Turner（2005）提出权力影响力的三过程理论，认为影响力是先于权力控制而产生的权力力量。

3. 关系说

罗德里克·马丁（1992）认为权力是一种关系，它发生的条件是人与人之间有互动，也就是说权力必须对他人和人际产生一定的影响才能发挥作用。这种观点认为，权力是一个关系范畴，是社会关系的一个特征，表示一方与另一方之间的一种强制性服从关系，认为权力存在于相互依赖的人（群体）与人（群体）之间的关系中（Emerson，1962），权力大小等同于关系中一方对另一方的依赖程度。心理学在这种权力观念指导下的研究主要集中在社会权力、亲密关系中的权力、领导成员关系等方面。

4. 状态说

Galinsky 等人（2003）把权力视为一种心理状态，认为任何时候对权力的激发都可以激活与权力有关的概念和行为倾向，改变个体对所有事物的认知以及在所有情境中的行为（Guinote，2007；Smith and Trope，2006；Galinsky et al.，2003）。这是新近社会认知心理学研究权力的主要角度。近年来，随着社会认知领域研究的兴起，社会心理学家们开始从社会认知的视角以实证的方式对权力心理进行研究，从认知角度探究权力心理是当前权力研究的主流（魏秋江、段锦云、范庭卫，2012；韦庆旺、俞国良，2009）。

综合分析几种类型的权力概念，前三种主要是结构变量，主要强调权力的控制，由权力者通过提供或不提供资源对他人进行控制（Keltner, Gruenfeld, and Anderson, 2003）。后一种是内部的心理状态变量，是中性的，可以与多种研究范式相结合，是当前社会认知心理学研究权力的主要角度。无论是力量、影响力，还是关系，其根本目的都是为达到一种控制（韦庆旺，俞国良，2009），即使是状态说对权力心理的操作也大多是要求被试回忆控制别人的情境。因此可以说，绝大多数研究者都基本认同"权力就是控制"的观点。被提及最多的、也是最经典的权力概念，要属社会学家Weber（1947）的界定：权力是一个在社会生活中即使遇到其他人的抵制，也依然有机会实现他们自己的意愿的能力。该定义强调了权力关系中的压迫性和反抗性，强调个人意愿对他人行为的影响是权力的核心，认为权力就是个体促使他人执行其个人指示和命令的能力。

然而，这样的界定并不全面，也并不恰当（E787 Blader, Chen, 2012）。标准的权力理论认为权力是来自于对资源的控制，而E505 Turner（2005）认为，控制是权力产生的结果而非来源，权力真正产生于影响力，并提出权力的三过程理论与标准理论进行对比（图2.1）。实际上，权力的标准理论强调的是权力的控制，强调个体对自我结果的关注，而三过程理论强调通过影响他人而使他人愿意共同完成个人意愿，强调对他人的重视而产生权力而非个人对他人的强迫、命令和控制。两种理论强调的重点，其实是两种不同的权力心理感受，而非仅仅为权力控制。

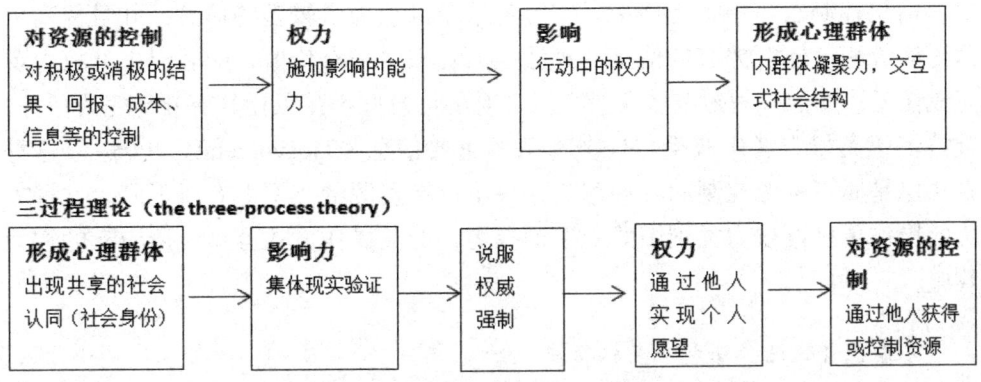

图 2.1　权力的标准理论和三过程理论 (Turner, 2005)

2.1.2　权力的操作范式

在研究范式上，从认知的视角研究权力已是目前心理学权力研究的主流，我国学者魏秋江、段锦云、范庭卫（2012）等对权力的实验操作范式进行了系统的梳理、分析和比较，认为当前主流的权力操作范式有回忆法、信息控制法、语义唤起法、奖惩法、谈判协议的最佳替代方案（BATNA）、具体数值法、组织结构图法、座位分布等方法。其中，奖惩法、信息控制法、谈判协议的最佳替代选择法是基于权力对资源的控制这一概念而创立的，回忆法、语义唤起法、组织结构图法、座位分布是基于权力状态说而创立的方法，具体数值法是基于权力力量大小的概念分别创立的方法，具体说来如下：

1. 奖惩法

目前，权力操作多采用 Galinsky，Gruenfeld 和 Magee（2003）基于权力的资源控制理论创立的方法。其操作是在实验中设置一定的场景或任务，通过完成问卷或任务获得管理者（高权力）或成员（低权力）的角色，通过操作不同角色扮演者实施奖励惩罚，来实现其对他人的控制。该范式的外部效度较好，但是在资源选择的合理性、权力的代表性、干扰变量的控制方面存在一些限制。

2. 信息控制法

信息控制法是指在情境中,实验者给予高权力者较多的信息,并且使高权力扮演者相信他所拥有的信息,对低权力者来说很有价值,能够促进低权力者完成任务;而低权力扮演者认为自己拥有的信息并不足以让其有效地完成任务,且需依赖高权力者来获得与任务有关的重要信息(Tjosvoldetal,2005)。这种方法也是属于资源控制的一种范式,只不过在资源的类型上有所不同。这种方法的操作更接近权力类别中的专家型权力,但其操作方式容易混淆应有的权力效应。

3. 最佳替代选择法和决策权重法

该方法一般用于谈判情景下的权力效应研究,谈判中的一方甲除了可以与对方乙就某一交易进行谈判外,还可以有第三个谈判方(虚拟的)作为替代选择,这样甲方就比乙方有与第三方协商交易的额外机会来获得最大价值的更多机会,从而引起乙方(低权力者)对甲方(高权力者)的依赖。该范式也基于对资源的不对称控的概念,具有交互性和动态性,内部效度较高。但该范式只能限制于谈判背景,并且容易受到情境和情绪的干扰。

权力常与最终决策的能力有关。决策权重法可以通过个体在最终决策中的影响力或对决策结果不同比例的权重进行控制,突出了高权力角色的影响力差异。

奖惩法、信息控制法属于资源控制法,通过角色分配(如求职者和招聘者)实现对权力的操控(Anderson and Thompson,2004)。

4. 具体数值法

具体数值法从权力力量说的观点出发,突出权力差异的效应,直接要求被试对情境中的特定角色赋予各种权力具体的数值,以此来研究相对精确的权力差异的效应(Poppe,2003)。这种用数量直接代表权力的方法能够量化权力的差异,是对权力最直观的操作,内部效度较好,但是权力与数值能否等同值得怀疑。

具体数值法和决策权重法都是通过数量差异来表示权力的差异的。

5. 回忆法

回忆法是指通过回忆生活中与权力有关的事件来再次唤起自己的权力感,

要求高（低）权力扮演者写出自己对他人（他人对自己）拥有权力的具体事件，在回忆录中要尽可能多地包括事件的各种细节，以及参与者在中的具体感受等。这种方式操作简便易行，能够有效地控制认知负荷差异、职位责任等干扰变量，是当前权力认知操作中应用最普遍的方法。但是，该方法只操作了特质和属性权力，而忽视了情境条件和个体附带的其他干扰变量，如权力动机、情绪等，因此也有一定的不足。

6. 语义唤起法

语义唤起法是指以内隐联想测验的思想，要求被试通过对与权力有关的单词补笔任务在无意间唤起人们的权力概念（Barghetal，1995），来判定其权力感的内隐唤起的程度。该范式能排除与高低权力位置角色相关的动机因素（Schmid，Mastetal，2009），但是研究结果不够稳定，内部效度较低，而且由于语言特征的差异，较难直接应用于我国的研究中。

回忆法和语义唤起法都属于认知操作法。

7. 组织结构图和座位分布法

组织结构图和座位分布法都是采用权力的空间位置隐喻的观点利用环境中的各种线索（如座位）来无意间唤起参与者的权力概念。

这些范式和方法用于指导各种权力研究，研究者根据不同的需要和问题特点选择合适的研究范式。魏秋江、段锦云等（2012）将这些范式初步区分为适于人际背景和个体背景的研究，从研究范式的区分也可以看出，权力侧重强调角度的不同。一方面是与他人有关的人际依赖，一方面是个体独立于社会关系的控制，因此仅考虑权力的控制感是不全面的。

2.1.3 权力效应的社会认知理论

权力效应的社会认知理论的兴起是近些年来社会心理学领域重新关注权力这一古老的社会现象的表现。比较有代表性的社会认知理论包括权力控制模型、趋近抑制理论、抽象认知假设、目标激活理论、情境聚焦理论和识解水平理论。

1. 权力的控制与依赖模型

Fiske（1993）的权力控制模型（power-as-control，PAC）强调权力控制的一面，认为权力高的人控制和更少关注权力小的人。权力相互依赖理论（power-dependence theory）认为，A对B的权力大小等于B对A依赖程度的大小（Emerson，1962）。B对A越依赖，A对B的权力就越大，这可以视为控制含义的另一种表述方式。控制与依赖模型把权力与刻板印象、注意模型结合起来，认为权力较大的人以刻板印象的方式看待权力较小的人，并进一步影响不同权力个体注意的方向。

2. 权力的趋近/抑制理论

Keltner等人（2003）在以往权力研究的基础上，用趋近和抑制的观点（Carver, Sutton, and Scheier, 2000；Higgins, 1997）整合了权力产生的结果，提出权力的"趋近/抑制理论"，认为提高权力可以激发"行为趋近系统"（behavioral approach system，BAS），行为趋近系统引发与奖赏相联系的行为。相反，降低权力可以激发"行为抑制系统（behavioral inhibition system，BIS）"，行为抑制系统引发应对威胁和惩罚的行为。权力对人的认知、情感和行为的影响都可以用趋近/抑制系统来整合。与权力小的人相比，权力大的人更能体验到积极的情绪（Berdahl and Martorana, 2006），更以自动化的方式加工信息，其行为更不受约束，更认为自己的环境充满奖赏而没有威胁（Anderson and Berdahl, 2002；Galinsky et al., 2003）。

3. 权力的目标导向理论

权力的效应可以通过权力-目标心理联结（power-goal mental associations）来理解，任何与权力有关的线索都可以激活记忆中被表征的目标。不同个体有不同的权力-目标联结（韦庆旺，俞国良，2009）。领导者的行为是以实现组织目标为目的的目标导向行为，与权力相关的目标有意或无意地驱动了注意的方向，权力使注意成为实现特定目标的灵活的工具性信息加工手段，谭洁、郑全全（2010）认为高权力者认知加工过程的信息加工抽象程度更高，注意保持与分配得更好，能更果断地设定目标、有更强的目标追求的行动力。

4. 权力的情境聚焦理论

权力的情境聚焦理论（the Situated Focus Theory of Power）是认知的情境化视角（a situated perspective of cognition）和权力分析相结合的产物（Guinote，2007）。认知的情境化视角认为，认知和行为是建构在每时每刻的情境基础上的动态过程，情境线索和具象模式（embodiment）对知觉和行为的影响同样重要。当认知主要受情境线索驱动时，权力大的人有更多的自由只选择该认知所需的信息进行加工，而权力小的人需要注意各种来源的信息并对其深入加工以提高对事物的控制感和预测性。因此，作为诸多社会认知过程发生的重要情境背景，权力以其独特的方式（如目标导向）影响了人的各种社会认知。

5. 权力的识解水平理论

Magee 和 Smith（2013）将识解水平理论与权力效应结合起来，提出了权力的"社会距离理论"，也被称为抽象认知理论或识解水平理论。Trope 等（2006）的识解水平理论（Construal Level Theory，CLT）认为，人们对事物的选择和评价取决于人们对事物的表征，对事物的心理表征具有层次性。高水平识解是指抽象的、整体的、和目标相关的、独立于情境的特征，而低水平识解指具体的、细节的、和目标无关的、依赖于情境的特征。Smith 和 Trope（2006）提出权力产生抽象认知的假设，认为高高在上的权力产生与他人相区别的感觉，提高了人们感知他人的心理距离（Magee and Smith, 2013）。这个距离，根据识解水平理论，会导致更抽象的信息加工过程，使人们采取较远的视角认知对方。因而，高权力被认为与更抽象的思考模式相联系，导致了更抽象的信息加工过程：他们抽取数据的核心特征，关注核心方面，在更高级的水平上将数据类别化，并且抽象信息加工不仅发生在人际知觉任务中，还可以是权力者面对的任何认知任务。

学者们对权力的概念、操作与理论的界定和探讨为开展权力研究提供了重要的基础。而社会心理学的研究认为，在决定人的心理和行为方面，个体的内部因素和外部因素会共同产生影响，人的行为是个人因素和情境因素的函数。在权力与公平反应方面，大量研究表明，权力在多数时候会导致不公平的、消极的行为结果。但在某些条件下也会有相反的作用，以下即从权力特征、权力人特征，以及调节变量角度产生两种行为结果的角度阐述影响权力与公平行为效果的因素。

2.2 权力特征对公平行为的消极和积极影响

2.2.1 权力大小（有无）

大量研究表明，权力在多数时候会导致不公平的、消极的行为结果，有权力者（或权力高者）不公平地分配资源、不公平地处理事务、不公平地对待他人、不客观地感知信息，从而产生结果、程序、人际、信息等不公平结果。

结果公平方面，有权力的人比其他人拿取更多的公共资源（Charles et al.，1994），获得更高的资金比例（Thye，2000），更多出违背分配公平原则（De Cremer，2003；De Cremer and Van Dijk，2005；Blader and Chen，2012），在独裁者游戏和最后通牒游戏中给对手分配更少的数量（Handgraaf et al.，2008），在谈判中获得更有利于自己的结果（Howard, Gardner, and Thompson，2007；Kim et al.，2005；张志学，王敏，韩玉兰，2006），做出更多的自利的、炫耀性的消费行为（Rus, Van Knippenberg, and Wisse，2010；Rucker, and Galinsky，2009），对外群体征收更多的税费（Wenzel and Jobling，2006）。

在程序公平方面，高权力距离文化下，低权力者拥有更少的发言权（Brockner et al.，2001；Van den Bos et al.，2015；Blader and Chen，2012）和申辩机会（Blader and Chen，2012），高权力者更多地对低权力者运用惩罚（Goodstadt and Hjelle，1973；Mooijman et al.，2015）和报复（Greenberg，1978）的手段，驱逐群体中高技能的和专业成员（Maner and Mead，2010），对不同的对象区别地运用权力策略和社会规范（Judith, Blumstein, and Schwartz，1986；Wenzel and Jobling，2006）

在人际公平方面，拥有权力会带来更高的刻板印象（Vescio et al.，2005；Lammers, Gordijn, and Otten，2008）、群体歧视（Oldmeadow and Fiske，2010；Rubini et al.，2007），性别歧视（Lammers, Gordijn, and Otten，2008）、就业歧视（Lars-Eric and JoRg，2008）和内隐偏见（Guinote, Willis, and Martellotta，2010），更不把人当人看（去人性化，物化他人）（Lammers and Stapel，2010；Gruenfeld et al.，2008；Gwinn, Judd, and Park，2013；Maner and Mead，2010），更倾向于低估他人的成绩（Kipnis，1972），冒犯（Hoyt et al.，2005）、诋毁（Fast, Halevy, and Galinsky，2012；Cho and Fast，2012）、辱骂（Huiwen, Lance, and Brown，2012），甚至性骚扰（Bargh et al.，1995）同伴或低权力者。

在信息公平方面，高权力者在特定的情况下，会扣留对群体有价值的信息（Maner and Mead，2010），更少搜集他人的信息（Fiske and Dépret，1996），更不愿意接受他人的（包括专家与新手的）建议信息（Vuolevi and Van Lange，2009）。

权力会导致如此之多的不公平结果，但这并不是全部。许多研究也表明，一些变量影响和调节了权力与公平的关系，权力并不永远导致不公平的结果，在一些研究中权力也会表现出公平利他等积极行为（尤其是在社会决策情境下）。比如，在对方完全没有权力时，权力者会给予对方更慷慨公平的分配（Handgraaf et al., 2008），权力也会导致人际敏感（Schmid Mast, Jonas, and Hall, 2009），更加关注他人行为（Hofer et al., 2010）; Lammers 等（2009）认为权力有时候会减少刻板印象的产生；Maner 等（2007）实验的研究结果证明权力有时候导致更冒险的决定，有时候导致更保守的决策；某些特定的条件会导致权力者的程序公平；Cote 等（2011）的研究中，权力强化了与亲社会取向和移情准确性的积极联系；权力的心理体验提高了某些人的道德意识，（Decelles et al., 2012；Lammers and Stapel, 2009）、高道德认同较高的权力个体较少表现出自利行为等。这些众多权力操作下产生的研究结果的分化，甚至是矛盾的结果，无法完全用权力的控制感来解释。

2.2.2 权力的合法性

权力来源是行使权力的基础和前提条件，会影响权力的行为表现。其中，影响较大的有权力的合法性和权力的稳定性。

权力的合法性（Bruins, 1999）是指个体有合法的权力来对代理人施加影响，而个体有义务接受这个影响的信念。权力合法性会导致权利接受者从内心里接纳权力拥有者所赋予其的结果而不需要权力者来监督。

权力的合法性可以加剧权力者的不公平行为。Charles 等（1994）研究通过让被试回想合法的或非法的拥有权力的场景，发现在公共资源困境中，通过正当理由而获取权力的被试（在实验开始前进行伪管理能力的测验，使被试相信他比别人得到更高分数，更适合做管理者）比以非典型的正当理由获取权力的被试（以生日、随机号码等确定为管理者）更倾向于违背平等原则（Charles et al., 1994），拿取更多的公共资源（De Cremer and Van Dijk, 2005），前者有 68% 的比例最大化地拿取公共资源，而后者只有 16% 的比例最大化地拿取资源。Van Der Toorn, Tyler, Jost 认为，权威的合法性来自三个资源：①行使权威的行为公平性；②所分配资源的宜人程度；③被分配者对他们的依赖（对结果的控制程度）。人们对具有合法性权力的领导有共同的偏好（Vugt and Cremer, 1999），合法性是权力的来源，因为其能够提升追随者的自愿和顺从。对于合法性提高权力者在资源分配中的不平等现象，研究者的解释是合法性权力提高了个体的被授权感（Charles et al., 1994；De Cremer, and Van Dijk,

2005；Stouten, De Cremer and Van Dijk, 2005），他们可以更自由、更合法地支配公共资源，而被分配者（低权力者）只能服从决策。

2.2.3 权力的稳定性

权力的稳定性与权力的合法性有着密切的内在联系，某种意义上，权力的非法性实际暗示着一定程度的不稳定，即权力者的地位有可能会被无权力者取代（Lammers et al., 2008；Willis, Guinote, and Rodríguez, 2010），因而在权力不稳定的情况下，无权力者会表现出更为积极的权力追求行为，不合法而且无权力者会提高权力追求的倾向，做出更多的目标追求行为，更加渴望权力（Willis, Guinote, and Rodríguez, 2010；Lammers et al., 2008），而权力者与一般情况下的表现不同，他们表现出更少的目标追求行为，做出更多的抑制行为。按照权力的趋近—抑制理论，Lammers 等（2008）表明，有权力者会比无权力者有更多的接近行为，会更多地表达积极情感和愤怒，表现出更多的目标追求行为。然而，当权力被认为是非法时，模式则相反，有权力的个体反而比无权力者表现出更弱的趋近倾向、更低的行动导向和认知灵活性。低权力者采用更多的灵活策略来达到目标、更少的回避反应和更整体化的加工信息（Sligte, De Dreu, and Nijstad, 2011），并且在面对障碍时更加有坚持性（Willis, Guinote, and Rodríguez, 2010），更能够自我调整与约束。他们对不公平和不充分的权力位置产生了更多的愤怒情绪，进而导致更为积极的、倾向于改变系统状态的个体行动（Willis, Guinote, and Rodríguez, 2010）。此时权力者的行为表现出现反转，表现出与一般情况下矛盾的行为反应（Maner and Mead, 2010；Rubini et al., 2007；Hornsey et al., 2003）

综合权力合法性和稳定性的研究，可以发现，当权力是合法且稳定的时候，由于被管理者对权力合法基础的偏好，权力者更倾向于利用这种偏好谋求个人利益而没有太多后顾之忧（在授权感的影响下变得更加自由和不受约束），产生更多的结果不公和人际不公。然而，当权力不稳定，有可能威胁到合法性时，高权力者反而比低权力者表现得更为抑制，降低人际不公（群体歧视、诋毁都会更低），行为受到约束限制，权力和接近倾向间的联系被打破（Lammers et al., 2008）。Lammers 等（2008）认为，权力趋近理论的一个核心内容是高权力与提高接近情感，包括积极情感和愤怒，然而如果权力是不合法的，情绪的情形就被改变了，无权力者可能感到愤怒，权力者可能感到内疚和害怕。这种情绪的变化差异表明了权力者心理机制发生了变化，也是导致高权力者的行为更抑制、降低不公平的原因。由于对合法基础的偏好，在权力不稳定的情况下，高权力者的目标是保住权力位置，在内疚害怕情绪感受的影响下，而做出更为保守、更为合理公平的决策。权力者内在感受的变化引起了行为的变化。

2.3 权力人特征对公平行为的消极和积极影响

早期的权力研究主要集中于权力人自身的因素和特点对权力行为的影响，如个体的性别、年龄、部分人格特质（个体权威主义、社会价值取向、社会支配倾向）、自我概念、自我控制、个体身份地位等。下面重点介绍其中的部分因素。

2.3.1 性别因素

一般认为，男性比女性对权力更有兴趣，男性会更积极地去搜寻权力，跨时间跨文化的社会现实也表明，男性比女性具有更高的社会地位和更多的权力，在社会化过程中男孩也被赋予了更多应当追寻权力的社会期待，产生了性别定型压力（Bussey and Bandura, 1984）。Winter（1983）采用TAT投射测验的方法研究男性和女性的权力动机，发现在权力动机的强度上男女并没有差别，但是男性和女性在寻求和实践权力的风格上是不同的。

男性更多地以个人中心的原因而寻求权力，表现出独断行为和支配取向，而女性相反，更多的是为他人的利益（McClelland, 1975），寻求和运用权力更为有责任感和养育目的。Winter等（1985）的研究采用对责任的TAT测验（包括对他人关注的义务感、对结果的关注、自我判断、道德关注）作为权力动机的中介变量，发现在高责任感的男性和女性中，权力动机预测了负责任的社会权力行为，但是在低责任感的男性和女性中，权力动机预测了享乐行为、冲动行为。Winter等（1985）认为是责任而不是性别，更多地决定了权力动机以何种方式被表达。而Cowan, Drinkard, Macgavin（1984）发现，女性在亲密关系中使用单边的、非指导性的弱权力策略（人际的和依存策略，如恳请和操纵策略），而男性更偏好采用指导性的双边的强权力策略（Judith, Blumstein, and Schwartz, 1986; Falbo and Peplau, 1980; Ugental, et al., 2009; Keshet et al., 2006; Dovidio et al., 1988）。

2.3.2 社会支配取向

社会支配取向（Social Dominance Orientation，SDO）是个体对社会群体（和个体）之间层级差异的认同程度和不平等的偏好程度（Li et al., 2006）。Pratto 等（1994）认为社会支配取向是用来解释以群体为基础的社会不平等现象的个体差异变量的。早期人们认为社会支配倾向只与社会层级间的支配有关，与个体间的支配是相互独立的（Pratto et al., 1994）。然而，后来的研究表明，个体的社会支配倾向与权威主义（Li et al., 2006）、权力追求的程度相关（Altemeyer, 1998），社会支配也在个体与个体之间存在。前面已经论述，绝大多数权力研究都认同将权力视为一种控制（无论是对人际还是对资源），而支配与控制具有相近、一致的含义，社会支配取向与权力倾向有高相关度（Maner and Mead, 2010；Torelli and Shavitt, 2010）。高支配倾向的人更愿意在群体中获取领导职位和权力（Hing et al., 2007），并且倾向于运用策略获取更高的权力和影响力（Anderson and Kilduff, 2009），提高自己所在群体的地位（李琼、郭永玉，2008）。而且由于有高社会支配倾向的个体更相信群体（个人）之间应该存在一定的等级结构，更加认同优势群体对劣势群体的支配，相对于低支配倾向的个体来说，高支配倾向者会更倾向于增加差异，加深不平等的程度（李琼、郭永玉，2008；Chen and Bargh, 2001）。当权力增加时，个体会变得更多地追求自身利益而加大与他人的差异，强调与他人的边界（Thomsen, Green, and Sidanius, 2008），产生结果不公；在行使权力时产生更多的人际支配（Pratto et al., 1994）、忽视和不尊敬他人（Laham et al., 2009），导致更多的内外群体偏差（内群体有更大的认同，对外群体有更高的偏见）（Pratto and Shih, 2000），造成人际不公（Pratto et al., 1994）；更看重自己的利益，将自己的权力凌驾于群体利益之上（Maner and Mead, 2010）。有低社会支配取向个体的表现则相反，他们有着与人合作、重视他人的世界观，追求平等和利他性社会关怀，寻求缩小等级差异的方法（Pratto et al., 1994；Brown, 2011），产生更多的公平行为。SOD 的水平会影响权力状态下的公平程度。一些研究表明，尽管在大多数情况下 SDO 被视为一种个体差异变量（一些研究也将其视为人格特质变量），具有一定的稳定性（Kteily, Ho, and Sidanius, 2012；Kteily, Sidanius, and Levin, 2011；Maslow, 1937），被试的 SDO 水平也可以通过情境的设置诱发和改变。将被试随机安排到支配的社会地位，如权力地位时，发现他们的社会支配倾向水平显著上升

（Guimond et al.，2003）。因此，也可以将 SDO 作为某些情境变量的检验指标（李琼、郭永玉，2008）。

2.3.3 社会价值取向

权力研究中的社会价值取向包括两种，一种是人格特质性的社会价值取向，一种是情境诱发的社会价值取向。

1. 特质性社会价值取向

特质性社会价值取向是一种相对稳定的人格倾向，是指个体在给自己和他人之间分配有价值的物品时，对自己和他人结果分配的特定偏好（吴宝沛、寇彧，2008；Kelley and Thibaut，1978；Rusbult and Van Lange，1996），也是社会困境研究中最受关注的个体差异变量（De Cremer，Van Dijk，and Van Vugt 2007）。根据社会交往中存在的六种人际取向将社会价值取向分为六种，分别是合作取向（最大化自己与别人共同的结果，目的在于提升集体利益）、平等取向（最小化自己和他人的结果之间的绝对差异，目的在于提升个体之间的利益平等）、利他取向（最大化同伴或别人的结果，目的在于提升对方和他人利益）、个人取向（最大化自己的结果而不管同伴或他人结果如何，目的在于提升自我利益）、竞争取向（最大化自己的结果与别人的结果之间的相对差异，目的在于提升自我相对他人的利益优势）、攻击取向（最小化别人的结果而不管自己的结果如何，目的在于减少对方的利益）。许多研究者将这些类别简化为两种进行研究：亲社会取向（转换过程中考虑到给予对方利益）和亲自我取向（赋予自己的结果均要高于赋予对方的结果）（刘长江、郝芳，2011）。

权力背景下的研究基本达成共识，对有亲社会取向的个体，在分配资源时更倾向于平均分配，有亲个体取向的个体则更倾向于做出更为自利或者加大差异优势（不公平）的分配。也即从公平角度讲，亲社会者更偏好社会公平（甚至将其视为最为重要的），而亲自我者更偏好违背公平（主要指违背平均原则的公平），加大差异（尤其是自己多得利的差异）。在权力启动条件下，亲自我者更倾向于将一般的社会困境视为权力问题，认为竞争是强大的，而合作是软弱的，亲个体者的自我关注效应被更加放大，竞争者的合作性会更加降低。他们在动机冲突情境中更倾向于选择竞争（权力控制）（Kelley and Stahelski，1970；Dreu and Boles，1998），做出更多不平均的，自利的，加大差距的分配，隐藏欺骗重要信息（Steinel，Ut，and Koning，2010；Kimmerle and Wodzicki，2011）。大多数的权力研究中权力者更倾向于做出不公平的、自利的分配结论，与亲自我者的特点表现基本一致，可以说，权力在一定程度上加强了个体的亲自我取向。

有亲社会价值取向的个体，在拥有权力的情况下，尽管也会有一些自利的行为，在信息交换中保留了更有价值的信息（Kimmerle and Wodzicki, 2011），但相对于亲个体者，他们也更倾向于公平的分配（Lange, 1999），在信息分享中贡献更多信息（Steinel, Ut, and Koning, 2010, Kimmerle and Wodzicki, 2011）。亲社会者更多地把社会困境视为伦理问题，认为合作是道德的，竞争是不好的；有高亲社会价值取向的权力者相对来说会做出更为公平的、利他的分配，尽量缩小与别人的差距，甚至在能够最大化群体利益的情况下依然偏好平均的、公平的分配（Utz, Ouwerkerk, and Van Lange, 2004）。Eek 和 Gärling（2006）证明，亲社会的权力者认为平等（个体收益差距最小化）的选项最有吸引力，即使在平等选项会降低自我和他人的整体收益的情况下，亲社会者依然偏好平等。

2. 情境诱发的社会价值取向（权力动机）

一些权力研究将能够引发被试亲个体/亲社会行为取向的权力情境分为两类，但是对这两种分类的叫法、名称不一。例如，有的研究者命名为权力倾向（将其分为个人权力和社会权力），有研究者称为权力动机（将其分为个人动机和社会动机），也有的称其为权力的概念化（将其分为个体概念和社会目标概念），有的称为权力目标（将其分为个人导向目标和社会导向目标）。这些不同的名称本质上都代表着权力个体对自己利益或对他人利益的关注，基本都可以视为社会价值取向在权力研究中的体现，不同之处在于这些变量有的侧重情境所引起的动机效应，有的侧重启动时所引起的与之相联系的概念体系，且大多是由特定的实验条件启动的而不完全是被试个体自身固有的人格特征，因此严格来说不能完全算作被试的个体变量。但是，由于这些分类与社会价值取向的实质基本相似，基本都是按照个体和社会两个方面探讨彼此之间的对立与联系的，只不过阐述的角度（甚至仅仅是名称）有所不同，因此也将相关的研究综述放在此部分，统称为个人权力动机和社会权力动机。综合各个概念，将个人权力动机界定为将权力视为个人导向的目标，运用权力来获得个人收益，社会权力动机界定为将权力与社会责任目标联系起来，运用权力来使他人受益（Kameda et al., 2011; Maner and Mead, 2010）。关于个人权力和社会权力的研究证明，当激活个体权力动机时会引发关注自我利益的行为（Chen and Bargh, 2001），而激活社会权力动机会引发他们对他人观点和需求的关注和响应。个人权力提高了对社会规范和约束的违背行为，社会权力则降低了这个行为倾向（Lammers, Stoker, and Stapel, 2009）。

但是，在有些权力情况下也有例外，Vanden, Bergh, Dewitte 和 DeCremer（2006）发现在多次与囚徒的博弈中，亲个体者也会表现出和亲社会者同样的追求平等的倾向，但研究者认为其心理机制和感受与亲社会者并不相同，他们对平等的追求是有功利性和工具性目的的，其最终结果是基于自我利益的考虑（Van den Bergh et al., 2006；Van Dijk et al., 2004）。Stouten, De Cremer 和 Van Dijk（2005）使用公共物品博弈的研究指出，亲社会者对平等的追求是基于公正的考虑，亲自我者对平等的追求则是基于效率的考虑，是一种策略性的手段（刘长江、郝芳，2011）。研究发现，亲社会者比亲自我者更能感到对群体的利益负责任，而且这一社会责任感解释了两者在合作水平上的差异（De Cremer and Van Lange, 2001）。与亲自我者相比，亲社会者更关注那些在社会上处于劣势的个体或群体，并表现出较高的同情水平，从而激发他们的利他行为，而不再关注自己的结果和实现双方结果均等化（Van Lange, 2008）。当资源几近耗竭时，亲社会者比亲自我者表现出更高程度的自我约束（Brucks and Van Lange, 2007）。应该说，社会价值取向调节了权力与公平的关系。

社会价值取向导致权力与公平的关系出现了分化（刘长江、郝芳，2011），即权力并不一直产生自利、不公的行为。对于有亲社会价值取向的个体来说，其在做出决策时，既关注个人结果，又关注他人结果，还关注自己结果与他人结果之间的差异最小化（VanLange, 1999；Eek and Gärling, 2008）。根据权力的目标导向理论和情境聚焦理论，权力者更容易根据任务目标和情境需要调整自己的行为。纵观这些权力与公平关系不一致的研究结果，可以发现，如果将关注点放在自己的利益上，那么权力一般都会导致更为不公平的分配；如果关注点在他人利益上，那么相对来说，不公平的程度会被缓解，甚至会带来更多的公平以及利他的行为。这个自我—他人取向的因素，可能是造成亲社会和亲自我者在分配公平差异程度不同的原因解释。同时，亲自我者会表现出公正行为，这说明社会价值取向导致公平的原因不仅是价值取向本身，还有其他影响因素的作用。亲自我者表现出的公正是作为策略性的工具手段，是为达到未来更大的自我利益而放弃当前利益，因此促使亲个体取向者产生公平行为的原因是对未来事件后果的考虑。

2.3.4 权力人的角色身份

在社会决策研究中,角色身份是指社会定义上的角色原型(March,1994)。在决策过程中,角色图式有重要作用(Charles et al.,1994)不同角色身份的差异会有不同的社会决策启发式或社会规范。比如,研究者给被试指派不同的领导角色(包括监管人 superviser、领导 leader、领队 guide 等),然后申请组内的公共资源,结果发现,成员指派"监管人 superviser"的角色是申请的资源数超越了平等分享的原则,而指派为领导 leader 或领队 guide 角色的成员申请的资源数量基本遵循了平等分配的数量。

身份是社会角色的一种,许多研究表明,身份会影响权力关系。Magee,Galinsky(2008)认为,权力(资源控制)和身份(他人尊敬)是社会等级的两个最重要的基础(Blau,1964;Mannix and Sauer,2006;Thye,2000)。因此,权力和身份可以互为因果,而且可以互相加强(一般情况下,权力是同时具有控制资源和他人尊敬两方面特征,即都属于权力的特征。此处为方便说明和比较,将其作为两个独立的变量来讨论)。

一般来说,权力相对导致更多的关注自我利益的行为,对分配公平和程序公平都有消极的影响,甚至会产生更多的不道德行为(Dubois,Rucker,and Galinsky,2015),而身份会产生更多的对他人利益的关注,对分配公平和程序公平都有积极的关系,与不道德行为无关(Dubois,Rucker,and Galinsky,2015),也即更多的公平行为。过去的研究都是孤立地探讨权力或者身份的效应,而将两者结合的研究结果表明,在人际间的效应上,权力与身份具有相互影响的作用。在低权力时身份与公平的联系比在高权力条件下的关系更为密切(Fast,Halevy,and Galinsky,2012),而具有高权力低身份的个体相对于其他权力和身份组合的角色来说,会产生更多的人际不公平的行为(如为其搭档选择更多的如学狗叫、说"我很下流"等诋毁行为),Fast,Halevy 和 Galinsky(2012)等评价认为所有的权力都导致腐败不公,但是有权力没身份的人堕落得更极端。

Weber,Kopelman 和 Messick(2004)的适宜性框架决策理论(Appropriateness Framework)认为,决策者通过由身份和情境线索组成的透镜的交互作用来判断情境,根据社会困境内在的社会性质、调整规则来选择角色行为。Weber 等(2004)认为,人们在做社会决策时会以内隐或外显的方式问自己,一个像我这样人在这个情境中该怎样做。这个问题包含三个重要因素:所面对的情境是什么,决策个体的身份角色是什么,应用什么原则或者启发式来指导行为选择。Blader，Chen（2012）、Magee，Galinsky（2008）等详细分析了权力与身份的区别与联系，认为权力与个人对有价值资源的控制有关，相对地更独立于他人，对他人的评估和判断有更少的依赖，因此导致了更多的自我关注行为。而身份与他人眼中对个体的尊重有关，是源于外部的他人的评价，因此在做决策时需要考虑对应方的感受，会产生更多的公平、利他的行为。

2.3.5 权力人的关系导向（人际取向）

Clark、Mills（1979）、Margaret，Clarka Mills（1979）、Clark，Dubash，Mills（1998）根据利益付出与回报的原则将他人关系分为共同关系和交换关系，共同关系指家庭成员、朋友、伴侣等关系，成员感觉到对他人的特殊的义务。因此，在共同关系中，给予好处的目的是回应对方的需要或者证明对他人的关心，给予对方利益并不会让对方产生给予同等好处或回报的特定债务。交换关系指熟人或者生意伙伴等关系，给予对方利益或好处的目的是期待收到同等好处或偿还之前收到的好处。权力人对他人关系的一般看法即权力人的关系导向（人际取向），Chen，Bargh（2001）认为具有共同关系取向的权力人将权力与社会责任目标相联系，而具有交换取向的权力人将权力与自我利益相联系。研究者启动个体权力后，要求被试先行在10个任务时间不同的练习中选择5个，而晚到的搭档完成另外5个。通过这个试验发现共同关系取向的个体表现出更多的社会责任行为，在时间的选择上给搭档留下更多有利的机会，而有交换关系取向的个体表现出更多的自利的倾向而将困难的任务留给搭档。Clark，Dubash，Mills（1998）指出具有共同关系取向的人比有交换关系取向的人对他人的需要更感兴趣。Chen，Bargh，（2001）认为权力的概念在心理上是与共同关系和交换关系导向的不同目标相联系的。这种权力目标效果常常是无意识发生的，关系导向会影响权力的积极和消极作用。

2.4 权力影响公平行为的调节变量

在权力与公平的关系间，除了权力本身的特征和权力人的特征外，还有很多因素会影响权力与公平的关系，在两者之间起到调节作用。

2.4.1 问责机制

"问责"（accountability）是指个体要将自己的信念、感受、行为向他人提供合理解释的内隐的或外显的预期（黄小忠、王重鸣，2010；Tetlock，1992；Semin and Manstead，1983），也指人们没有为行为提供满意的解释而承受消极结果（Lerner and Tetlock，1999；Stenning，1995）。问责制度是一个具有前瞻性的过程，通过问责，决策者要就其所做出的行为过程和后果进行解释和正当性的辩护，并据此接受失责的惩罚（王仰文，2014）。

在实证研究中，Lerner 和 Tetlock（1999）对问责的操作方法有以下几种：有他人存在（被试认为他人会观察到他们的行为）、可识别性（他们所做的会与个人联系起来）、可评估性（被试认为他们的成绩会被另一人以一定的标准、规则或隐含的结果来评价）、给出理由（被试认为他们必须对他们说的和做地给出理由）。而这些操作都会显著降低权力的不公和偏见。例如，De Cremer（2003）的研究表明，领导在可辨认的决策中（高责任）比低可辨认的决策（低责任）中更多地使用平等规则。Paolini，Crisp 和 Mcintyre（2009）根据现代对责任的模型（Lerner 和 Tetlock，1999）发现，当个体被警告他们将对他们的决策负责任的时候，所有的信息加工过程和判断的谨慎性都提高了。Sedikides 等（2002）的研究表明，问责能够阻碍自我膨胀的效应，当具有身份可识别性时，个体更关注自己被评价的可能性，更关注自己的弱点，因而降低了自我膨胀的效应，当高权力个体感知到问责时，权力所引起的过度乐观主义和冒险性会被减弱（Anderson and Galinsky，2006）。当权力者需要完成记住个体谁说了什么、注意和记住个体的特征的任务时，权力者对下属有更准确的判断（Jennifer，2001）。权力被建构为机会比权力被建构为责任有更高的吸引力，在问责的情况下甚至会降低权力的吸引力（Sassenberg, Ellemers, and Scheepers，2012）。问责还会减弱行为偏差，当面对未知听众时，权力者会表现得更为努力和更强的自我批判意识，从而降低行为偏差（Lerner and Tetlock，1999）。

权力者有更多的责任和义务。权力者不仅要控制资源和结果，还更要承担与权力角色相关的特定义务，而且需要考虑行为的远期后果，以及后果的影响。这些都会限制权力者当前的自由行为并转而考虑远期后果和他人影响。问责会降低权力所导致的自我膨胀，进而产生更多的利他和公平行为（Sedikides et al.，2002）。

2.4.2 权力人与权力对象的关系

严格来说，所有与人有关的决策范式（如社会困境，博弈范式），都可以视为社会决策，其社会性特征体现在人、对手的特征和信息上。根据 Weber, Kopelman 和 Messick（2004）的研究，社会背景信息是与人有关的决策中必须要考虑的。而权力作为一个社会关系变量，权力人与权力对象的关系（以下简称"权力对象关系"）也会成为影响行为选择的决定性因素。

Austin（1980）在为不同对象（大学室友和陌生人）分配奖励的研究中，人们对大学室友的分配会忽略价值（任务成绩）的差异而以更平均的方式分配。而对陌生人分配时，当他们任务成绩较低时选择按劳分配，表现出在面对不同对象时分配公平原则的差异。Buchan 等人（2002）的研究表明，相对于"陌生人"，小组成员会对"邻居"表现出更多的合作行为。如果两个队员是亲密的朋友，则比不是朋友时会更多地考虑对方的需求而给对方分配更多资源（Lamm, Schwinger, 1980）。王娜、李小曼（2013）的研究也表明，人们对不同关系对象的不公平分配的评价和心理感受不同。室友、朋友都属于共同关系对象，在在意自我利益的同时也关心他们的利益，因此基本采用平均分配的范式；而陌生人属于交换关系，而且在单轮次的实验条件下也难以有回报的可能，因此在分配中会倾向于损害他们应得的利益。Elizabeth 通过在组织情境下进行实验也发现注重关系导向的企业组织更多采取平均分配的方式，而注重经济导向的更多地运用按劳分配的方式。Chen, Bargh（2001）认为权力的概念在心理上是与共同关系和交换关系导向的不同目标相联系的。这种权力目标效果常常是无意识发生的，关系导向会影响权力的积极和消极作用。Leung 和 Bond（1984）的研究发现，中国被试在分配资源时更喜欢对朋友采用平均法则；美国被试则更喜欢对朋友采用公平法则（李美枝，1993；张志学、杨中芳，1998）。在社会互动方面，张志学（2000，2001）的研究表明，个体在与分配者交往时的行为表现与态度能够左右分配者的决策，中国人在分配中对人际交往的线索和信息非常敏感。富萍萍、徐淑英及 G.Dess（2004）基于对中国管理的现实反思而提出权力来源的第三维构想——"关系权力"，认为组织中由于当事人与目标对象之间的关系差异（如熟人或陌生人）会形成一定的影响力，从而对目标对象的态度和行为等产生一定的影响。

2.4.3 文化因素

东西方文化在许多方面存在着巨大差异，如整体的与局部的思维方式、独立与互依的自我建构、个人与集体的文化价值取向、平等与差异的权力距离等。文化无时无刻不影响着其成员个体的思维、心理、态度和行动，权力是一种社会关系变量，文化性质的差异会塑造权力的性质、运用权力的模式、对权力目标的动机态度，以及权力定义方式（Torelli and Shavitt，2010）。

1. 个人集体水平垂直文化取向

个人主义和集体主义是划分文化价值观差异的最基本的维度（Hofstede，1980；Oyserman，Coon，and Kemmelmeier，2002；翟石磊、李川，2010）。在近年来的跨文化研究中，Singelis 等（1995）和 Triandis（1995）根据团队中的个体如何看待自己（如"自己与团体其他人一不一样？""自己与其他人平等还是不平等"等问题）又将个体主义和集体主义划分为水平和垂直两个维度（Chiou，2001），如果水平维度的分数较高，就说明个体更加强调平等，认为每个人都应有平等的权利和地位；如果垂直维度的分数较高，则说明强调等级观念、接受社会的地位差异以及人与人之间的不平等状态。根据集体—个体和水平—垂直两个维度的正交分解可以形成四种文化价值取向类型：水平个体主义（Horizontal Individualism，HI）、垂直个体主义（Vertical individualism，VI）、水平集体主义（Horizontal collectivism，HC）、垂直集体主义（Vertical collectivism，VC）。HI 强调个人的独特性和独立性，做自己喜欢做的事情，而不于与他人比较（如瑞典）。VI 相信竞争和优胜劣汰的自然法则，并希望在竞争中获胜（如美国）。HC 重视家庭和组织的平等和谐和团结，强调共同目标和社会性，但不盲从于权威（如以色列）。VC 服从于家庭和组织的需要，为了家庭和组织的目标和需要可以牺牲个人的目标和追求（如中国）（王永丽、时勘、黄旭，2003；翟石磊、李川，2010；Chiou，2001）

Torelli 和 Shavitt（2010）的研究通过多种操作证明，垂直个人主义是将权力概念化为个人事物，认为权力是提高个人身份和声望的个体概念，主要围绕着趋向于满足个体意愿的影响力和授权等行为；而水平集体主义是将权力与社会目标相联系，权力是为了帮助他人和获取利益，因而是一种社会事物，是社会权力的概念（Torelli 和 Shavitt，2011；Torelli 和 Shavitt，2010）。这两种差异体现在社会决策中的权力运用与公平上，会产生这样的结果：个体主义者更看重权力所产生的独立与区别，因而产生更多的独断行为，如自我放大和自我提升（self-enhancement and promotion）（Markus and Kitayama，1991；Torelli and Shavitt，2010），个体主义与权力滥用、社会支配成正相关，而与水平集体主义呈负相关。权力帮助行为与水平集体主义成正相关而与个体主义成负相关，如在谈判中中国被试会比美国被试给对手分配更多资源。在单群体的社会困境条件下，垂直个体主义者表现得最不合作的，最看重自我利益，进而最大化个人的结果（Probst, Carnevale, and Triandis, 1999；Chen and Li, 2005），垂直集体主义者表现得合作水平最高，而水平个人主义和水平集体主义者表现出中等水平的合作（Probst, Carnevale, and Triandis, 1999）。Kopelman（2009）的研究表明，相对于德国和美国（VI）的管理者来说，以色列（HC）管理者更倾向于遵循个体理性决策方法，在有高经济权力条件下比低权力条件下拿取的资源更多。相对地，香港（VC）管理者在高经济权力条件下遵循集体主义理性方法，自愿拿取更少的资源。利己主义会在水平集体主义者（以色列）文化与权力公平间起中介作用，但不会影响垂直集体主义者（香港管理者）的交互作用，说明利己主义是影响文化差异的重要因素。

在分配群体奖励时（分配行为是对资源的控制，可以视为权力行为，分配群体奖励的行为也即行使分配权力），Triandis（1995），Leung 和 Bond（1989）发现集体主义社会更强调分配的均等，个人主义社会更强调分配的公正。Tyler（1996）的研究表明，亚洲人看待公平更注重其关系性，美国人更注重其程序性。Leung, Bond（1984）发现在去除社会评价压力的情况下，集体文化的中国被试比个体文化的美国被试更遵循公平原则（按劳分配）。而在有可能有社会评价的情况下，中国被试认为在内群体中平均分配集体收益是更公平的。当要求被试假设他们是分配者来分配集体收益时，如果是自己的投入较低，中国被试比美国被试更愿意遵循按劳分配的原则，如果被试自己的投入较高并且接受者是内群体成员时，中国被试更倾向于遵循平均分配原则（Leung and Bond, 1984）。这两种情况下都是最小化自我收益而让他人获得更多收益而非个人利益最大化。集体主义文化强调内群体的目标而不是个人的需要，强调内群体的社会规范和责任而不是个人的满意度。论证认为，集体主义文化导致对内群体和外群体成员不同的奖励分配类型。在内群体条件下，分配者分配给自己的都比按另一种原则拿取的少，表现出自我抑制的取向（Leung and Bond, 1984）。

2. 权力距离

权力距离指社会对组织中权力不平等的可接受程度（Hosfsted, 1980；廖建桥、赵君、张永军，2010）。文化与权力距离有关，一般认为，垂直主义的文化代表着高权力距离，高权力距离会导致更大程度的差异和不公平。高权力距离的权力者更倾向于加大等级距离（Bruins and Wilke, 1992），进行差异化分配，高权力距离的接受者则易于接受差异，接受不平等的分配，接受不平等普遍存在这一现实（Paine and Organ, 2000），即使受到不公平待遇也不会反抗。高权力距离文化下的个体认为领导和下属之间的权力差异更加合法（Kirkman et al., 2009），相信他们应该尊重并且服从权威和高权力者，应该努力维持组织的等级状态（Hofstede, 2001），相反有低权力距离倾向的个体不太认同地位差距，他们认为在决策过程中应该是公平参与的（Atwater et al., 2009）。

在程序公平上，是否拥有发言权常被认为是程序公正的反映，在低权力距离文化中，人们经常参与决策，当没有发言权时会做出逆反行为（Brockner et al., 2001）。而高权力距离文化一般是由具有高正式权力位置的人来做决策的，权力者很少参与，因此即使没有发言权也不会做出更多的逆反行为，下级对上级的顺从甚至被视为权力关系的义务之一（Chen et al., 2009）。

在人际公平方面，权力距离会调节辱骂管理的效果（Huiwen, Lance, and Brown, 2012）。高权力距离取向者更少地将辱骂管理视为人际不公平，更能够忍受主管的虐待（人际不公）。在对他人进行绩效评估时，高权力距离个体对上级的评估表现出更多的宽大效应和晕轮效应，有更多的评价偏差（Ng et al., 2011）。

2.5 权力影响公平行为的中介变量：权力感

2.5.1 权力感的重要性

权力本身就是一种社会结构变量，也是一种心理结构变量。心理学领域主要关注个体心理与行为的变化规律，因此所有的外部特征都要通过心理变量起作用。严格地说，心理学对权力的研究主要是将其作为心理结构变量来研究权力的心理体验对行为的影响（Perceived power, experienced power）。权力本身是抽象的，与权力有关的各种外部情境和主客观建构都要经过心理状态的变量才能影响行为。从心理学角度看，权力作为一种客观存在，只有反映在人们意识中即以权力感的形式表现出之后，才会引起人们行为和态度上的反应，否则权力就不能作为一种可控的心理变量加以操纵（李翠萍，2013）。权力感知是指个体所拥有的对自己和他人资源的影响和控制能力（Keltner et al., 2003; Anderson, John, and keltner, 2012），它与真实权力之间并不成直接对应关系（Oyserman, Coon, and Kemmelmeier, 2002），一个人的主观权力感对行为产生的影响会比他实际拥有的权力更大，不同的个体具有的权力感知也是不同的，相同的权力可能对不同权力感知的个体产生大小不同的影响。权力感直接决定权力行为，是离行为最近的部分。（Schmid Mast, 2010; Anderson and Berdahl, 2002）。

许多研究都证明，权力感是决定行为的中介因素，如权力感会在道德行为道德认同（Dubois, Rucker, and Galinsky, 2015; De Celles et al., 2012）、分配公平（Greenberg, 1978; De Cremer and Van Dijk, 2005; Stouten, De Cremer, and van Dijk, 2005）、人际公平（Guinote, Willis, and Martellotta, 2010）、种族偏见态度（Cote et al., 2011）、对他人情绪判断准确性、人际敏感（Schmid Mast, Jonas, and Hall, 2009）、情感态度表达和体验（Anderson and Berdahl, 2002）、风险决策行为和冒险行为（Anderson and Galinsky, 2006）、影响思维加工方式（Smith, Wigboldus, and Dijksterhuis, 2008）、身体姿势具身认知（Park et al., 2013; Van der Toorn, Tyler, and Jost, 2011）中起中介作用。

权力感是权力认知研究的核心概念，权力的主观感受是权力效应的重要组成部分（Anderson and Berdahl, 2002; 魏秋江, 2012），因此权力感的准确唤起和保持，是相关实验成功的保证。如果对权力感的操作不当，研究结果的价值就会大打折扣。而权力的实验室操作的效度问题，也正是该领域研究最受争议之处（魏秋江、段锦云、范庭卫, 2012）。魏秋江（2012）认为权力感来源于人们在权威（authority）、支配力（dominance）、身份（status）等方面的信息和知识（Schmid Mast, 2010），然而由于它们定义和效应的相似性，学者常在定义、测量（Cassidy and Lynn, 1989）、实验操作（Schmid Mast and Hall, 2004）等方面将其混淆。大多数权力研究并没有对操作进行测量，而是直接用对权力情境进行控制作为引发权力感的方法，这极大地影响了研究的准确性。部分研究在权力操作后进行了权力感的测量，但所采用的测量工具和方法也没有统一的标准。一些研究者采用自编的简易问卷而非正式量表测量权力感，内容杂乱繁多却缺乏信效度指标（魏秋江、段锦云、范庭卫, 2012），应用较为广泛的权力感测量工具是 Anderson, John 和 Keltne（2012）开发的个人权力感量表（The personal sense of power）。该量表针对一般情景下的自我权力感，包括8个题目，采用自评的方式，具有较好的表面效度，但其在理论构念上有一定偏颇之处。

该问卷的题项是将权力感作为人际间支配和控制的力量，严格来说是将权力作为一种位置变量（而且是人际中的优势位置），其权力感的核心是控制感、支配感、自由感等。Weber（1947）对权力的经典定义是"权力指一个人在即使遇到抵抗的情况下也能实现自己意愿的概率"。尽管不同的学科领域对权力的界定有不同的观点，但绝大多数研究者都在不同程度上认可"权力就是控制"，对权力感的界定也主要依据这一理论构念。这一界定更多地将权力建立在个人取向的基础上，暗示了权力的个体性，引领了在心理学领域对权力研究侧重于个体的层面。在这种权力感的理论建构下，相关的研究结论多为权力导致了自利、接近、轻视他人等各种不公平行为，侧重于消极结果。对权力自我中心式的概念界定提升了个体的自我目标和利益的关注，因而表现出自利倾向和不关注他人需要的行为。在早期的权力研究中，尤其是西方权力的界定一般侧重于个人做自己想做的事，以及通过采取行动满足自己的需要和目标的能力（1954）。

然而，众多权力操作下产生的研究结果的矛盾和分化无法完全用权力的控制感所解释。个体会对他人表现更自利、更以自我为中心，有时候又会表现得更慷慨和更关注他人；有时候会物化他人，有时候又会对他人做出更敏锐的判断（Lammers, Stoker, and Stapel, 2009；Jennifer, Overbeck, and Park, 2001；Cote et al., 2011；Lammers et al., 2009）；有时候诋毁贬低他人，有时候尊敬信任他人（Rus, Van Knippenberg, and Wisse, 2010）；有时候在公共资源中拿取更多，有时候付出更多（Anderson, John, and Keltne, 2012）；有时候感觉更自由，有时候感到更大压力（Maner et al., 2007）。

尽管权力总是不那么光彩的与自利腐败不公联系在一起，但是不可否认，权力也会带来好的行为结果。早有研究发现权力与两类行为有关，即亲社会行为和享乐（自利）行为（Jan Hofer et al., 2010），但是对导致两类行为的机制探讨得还不全面，综述较为零散。权力的社会认知理论认为，权力变量要通过个体的权力认知起作用，也就是说情境的影响需要通过主观的权力感而对行为产生作用。Guinote（2008）认为情境对有权个体的影响比对无权个体的影响更大。因此，总结和区分情境（以及其他因素）对有权力个体的影响过程，对比两类权力结果产生的原因，可能比研究有权力者和无权力者的差异更加重要。一些研究认为，权力不仅引起自由和控制，权力本身也会承担一定的责任成本，与成员间有一定的心理契合，权力引发的责任感也会导致权力应用的不一样的结果（李明、耿进昂，2010）。

2.5.2 权力控制感与权力责任感

人们对权力产生两类行为的结果早已熟知（Anderson, John, and Keltne, 2003），但是对导致两类行为的机制没有做深入的总结和分析（Lammers, Stoker, and Stapel, 2009; Puurtinen and Mappes, 2009）。综合前面的论述，能够使权力有积极作用的影响因素基本都具有以下特点：①关注点由内转向外；②从关注当前利益到关注事件后果；③从以自我为中心转向他人为中心；④从个人情境转向社会情境；⑤从个体自由到行为抑制；⑥从内在状态到外部线索。

总结这些研究结果发现，导致积极结果的，或者是与他人问责有关，或者是与他人结果利益有关、惩罚情境有关。而这些结果，都可以总结为一个词的含义：责任。如果将这些因素与责任的概念联系起来，则权力导致的两类分离结果更容易解释。

然而，以往西方对权力的研究一般是将权力当成一种独立的个体变量，将其作为一种单一的建构，将权力等同于控制、权力感等同于控制感自由感，研究权力感（控制感）的大小对行为的影响，而忽视权力概念中不同方面的差异而产生的对权力认知本质的差别（Lammers, Stoker, and Stapel, 2009）。实际上，一些文化更激励为他人的利益而使用权力，而不是仅为获得个人的身份和地位（Torelli and Shavitt, 2010），即把权力作为一种人际依赖的变量而非独立的个体变量。权力是一种位置变量，也是社会关系变量（Torelli and Shavitt, 2010），权力产生的不仅是个体的控制感，社会关系中的另一方也会对权力行为和权力的主观感受有影响，社会关系和社会规范都会在权力感方面产生作用，对社会角色规范、义务等的感知必然依附于权力概念之上（Jennifer, 2001）。Akerlof（1997）在探讨社会决策与经济决策的差异时认为，这两者的根本区别在于社会决策有社会后果而经济决策没有，传统的理性经济决策范式是将社会信息最小化，而自利、理性的经济决策更可能出现在决策背景中的社会特征尽可能少的情况下（如交流不充分、社会距离大、一次性买卖等）。权力行为也是一种社会决策，而在权力的研究中也有同样的问题，在剥离社会背景特征的情况下可能会导致更为自利、理性的分配，而如有充分的社会背景信息，则结果可能完全不同。

不可否认，权力会给权力拥有者带来诸如更自由的控制资源、更高的社会身份地位等回报，从而导致更自利、个人需要优先的行为，但是从社会生活以及生物进化的角度来说，一个群体中的权力拥有者也有带领群体更好地发展，保存活力和基因，避免被淘汰的责任（职责和义务），而非仅仅通过权力位置获得自我利益。Menon 等（2010）关于领导位置隐喻与权力认同的研究表明，在强调个体主张（individual assertion），强调显示超越群体环境的思想时，成员更认同那些站在群体前位的领导者，而强调领导者对群体的责任和保护时，人们更认同和尊敬站在群体后位的领导。根据 Turner（2005）的权力三过程理论，领导需要帮助群体应对挑战，与成员形成心理契约，获取成员信任，才能最终形成领导控制（Maner and Mead, 2010）。一般来说，权力与身份、地位往往有着密切的、甚至难以分离的关系。地位高的人有大的权力，而大的权力也代表更高的社会地位。这一密切联系的结果也可以说是一种进化选择的结果。在人类社会以及灵长类动物群体中，领导角色一般都是由群体中最有力量、最具智慧的个体来担当。在抵御外来侵略和伤害上，领导角色对群体的生存和发展有着举足轻重的作用，因此高权力者获得高奖励是有原因的（De Cremer and Van Dijk, 2005；Stouten, De Cremer, and Van Dijk, 2005；Itoh, Kikutani, and Hayashida, 2008；Van der Toorn, Tyler, and Jost, 2011）。从另一个角度来说，担当起高权力的角色也意味着对责任的承担。如果做不到（权力拥有者承担不了保卫种族生存和发展的责任而只关注通过位置获得自我利益），则或者面对权力被剥夺的威胁，或者损害整个群体利益，并最终导致对群体，以及权力者本身的灾难。近期的研究表明，权力会更多地被赋予那些为了他人的利益而牺牲自己利益的对象（Van Kleef et al., 2012），这也表明了权力与责任之间的选择与对应关系。现实中只有权力没有责任的情况几乎是不存在的，因此责任是权力不可分割的必然属性成分，权力责任是权力研究中不能剥离的重要内容，控制感和责任感是权力产生的两种主观心理感受，是对权力本质看法的主观认识。

　　从文化差异上，西方近代理性启蒙运动对人所做的单子式的个体主义的理解，直接塑造了一种个人自由、利益至上的个体本位文化，人我关系被描述成一场"一切人对一切人的战争"。当拥有权力时即变成了权力者对对象的控制。在西方的个体主义文化的主导下，心理学领域关于权力的研究大多将其权力视为一种个人目标的实现，而忽视权力（作为一种社会关系）的责任性质。与西方个体主义文化不同，东方传统文化则在更大的范围内看待人与人的关系，认为人是相互依存、相互影响的，因而强调权力责任的重要性。"先天下之忧而忧，后天下之乐而乐"与西方"拥有权力最重要的就是其快乐的满足"形成鲜明的对比。在中国的传统文化中，与权力相对应的是责任和行为约束，更多地要求权力者对自身行为的约束（李明、耿进昂，2010）。Zhong 等（2006）的研究中对不同文化背景的被试启动权力，然后呈现与责任感（责任、义务、职责、依靠）和控制感（应得、优势、获得、授权）相关的概念词以及一些中性词或非词，发现欧美人启动权力后对控制感的词比对责任感的词反应更快，亚洲人则对控制感的词有延迟，对责任词反应加速。在控制感上，西方被试比东方被试有更强的控制错觉，美国人对结果有一种不切实际的乐观信念，坚持过高地估计他们对情境的控制（刘邦惠、彭凯平，2012）。他们对实际上是随机出现的照片顺序坚持认为是主观控制的结果（Ji, Peng, and Nisbett, 2000），认为积极的事件更可能而消极事件更不可能发生在自己身上（Heine et al., 1999）。这种不切实际的控制感影响了他们对事件的推断。而亚洲人在情境控制中很少展现出自负，他们更可能预见其过失带来的潜在伤害，预测和评估行为的潜在后果而不受控制错觉的影响。

学者们关于个人权力和社会权力两种权力类型的划分也可以用来解释两种权力感。社会权力强调权力是对他人的影响、控制能力，如将权力定义为对他人资源或结果的不对称控制（Dubois, Rucker, and Galinsky, 2010; Fast et al., 2011; Galinsky et al., 2003; Maner et al., 2012）。个人权力则将权力理解为使个体掌控自身结果、脱离他人影响的能力，如将权力定义为实现自己预期结果的能力（Overbeck and Park, 2001）。这两类权力有不同的效应，个人权力提高刻板印象，因为它是与独立和自由相联系的；而社会权力降低刻板印象，因为它是与依赖和责任相联系的（Lammers, Stoker, and Stapel, 2009）。但是，由于社会权力概念界定的混乱，学者们强调社会权力的角度不同，社会权力并不总是导致积极的结果，在有些研究中社会权力会导致优越感而产生自利的损害他人利益的结果（Sassenberg, Ellemers, and Scheepers, 2012; Magee and Langner, 2008; Torelli and Shavitt, 2010），有些研究强调是对他人结果的关心和重视，因而社会权力会导致更为积极的、利他的行为结果（Sassenberg, Ellemers, and Scheepers, 2012; Cote et al., 2011; Magee and Langner, 2008）。因此，这种类别的划分并不能很好地理解权力导致的两类不同性质行为结果的机制，如果用两种权力感来代替两种权力类别则可以更好地解释结果的分离：强调自我优越于他人的社会权力诱发的是权力的控制感，而强调重视他人利益的社会权力诱发的是权力的责任感，这两种权力感的差异导致了公平结果的差异（图2.2）。

在以往的研究中，对权力控制感的研究和论述已有很多，对权力责任感的论述则较少，因此下边中将重点探讨责任和权力的责任感。

2.5.3 责任、权力责任

在西方心理学中,责任(感)(responsibility)并没有统一的概念、理论,也缺乏较为有效的评价测量工具(李明、叶浩生,2009;李明,2008)。Responsibility 的含义常常与 conscientiousness,duty,accountability,commitment 或 answerable 等混淆,但又有所不同。Conscientiousness 一般译为尽责性、谨慎性,是一种侧重人格特质性的责任,在道德领域、管理心理学、人格心理学的研究中运用较多,如大五人格研究把 responsibility 作为 conscientiousness 的一个维度;duty,accountbility 一般指个人与组织间的 commitment(心理契约)的承担或破坏,多译为义务或问责、当责,并多是在组织情境的研究中运用。其中,accountability 常被视为责任的同义词,但一般强调(真实的或预期的)心理契约破坏的后果承担和解释,强调行为的可说明性、应做解释和应负责任(李雪,2004)。西方文化背景中个体的责任是以自我为中心的,个体倾向于只对自己承担责任(Kasser and Ryan,1999),而东方文化中,责任的内涵要比西方大得多,个体倾向于对更大范围的事件和行为结果承担责任,不仅承担最直接结果的责任,还对间接的、末梢的结果承担更多的责任(陈碧云、李小平,2008)。个体倾向于对更多的人和事承担责任,包括对他人行为的影响(如父母要对孩子的未来负责、老师要对学生的成绩负责)。由于本研究侧重东方文化下的权力心理特点,采用本土化的中文内涵来定义责任。

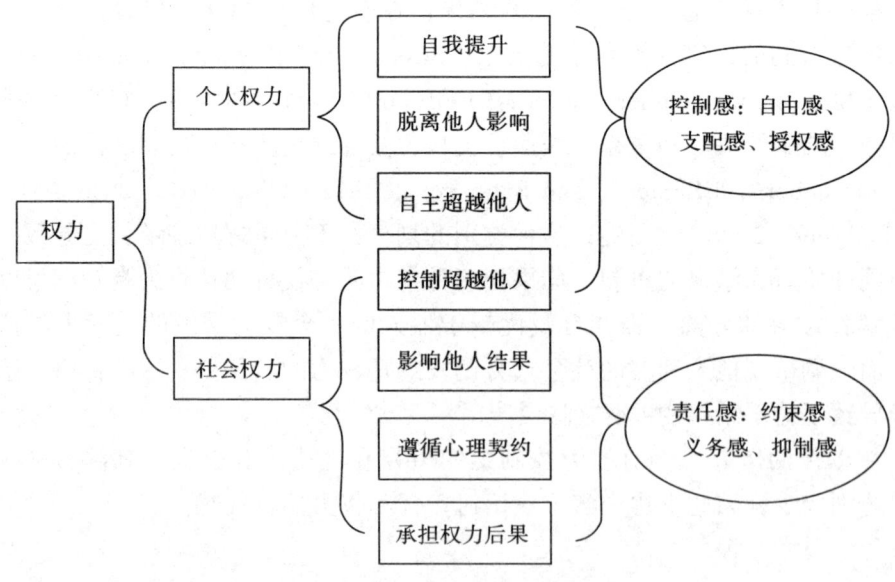

图 2.2 两种权力感的理论构思

《现代汉语大词典》中对"责任"的解释是"① 使人担当起某种职务和职责；② 谓分内应做的事；③ 没有做好分内应做之事而应承担的过失。沈国祯提出，责任是有胜任能力的人在社会生活中应承受的负担，以及对自己选择的不良行为所承担的后果"（沈国祯，2001）。赵兴奎等认为，责任是人应主动承担的角色义务和对其因过失所造成的后果应承担的责罚，它有义务和后果两层含义（赵兴奎，张大均，2007；朱秋飞，何贵兵，2011）。综合责任的定义和权力的内涵，我们将权力责任定义为在行使权力时（对权力行使）的应做之事，对权力对象的影响和后果以及行使权力后果的承担。权力责任感则为行使权力时对权力行使的应做之事的感知，对权力对象的影响和后果以及对行使权力后果承担的预期。本研究按照责任的定义梳理责任对行为的影响，尤其是权力责任对公平行为（亲社会行为）的影响。

1. 权力责任作为权力者应做之事

权力是一种社会关系变量，权力者需要遵循社会角色规范，承担与权力角色相关的特定的义务责任（Torelli and Shavitt, 2010；Jennifer, Overbeck, and Park, 2001），权力者只有做好应做之事才有可能获得和保持权力。从进化心理学的角度看，群体中的权力者需要带领群体实现更好的发展，担当起高权力的角色也意味着对责任的承担，现实中只有权力没有责任的情况几乎是不存在的。Turner（2005）认为，权力不仅是从上至下的，从历史和社会的事实上看，权力也可以从下至上地产生和发生影响。权力者对群体资源的控制仅仅是获得权力后的行使权力的方式而非权力获得和维持的方式。领导必须帮助群体应对挑战，与成员形成心理契约，获取成员信任，才能最终形成领导控制（Turner, 2005；Maner and Mead, 2010）。因此，权力者的行为目标，应该是选择群体利益最大化的行为方式，而非仅为满足自己的利益。

资源两难困境会产生个体利益与集体利益相冲突的情境，选举领导是最受欢迎的解决社会困境，提高集体效率的办法（Charles et al., 1986）。Salnuel, Komorita 和 Parks（1995）的研究中发现，责任感（有责任地使用资源或是抵制他人滥用资源的愿望）、个人理性（积聚资源的愿望，如自利）和遵从（遵守团队规范的愿望）三个个体因素会影响人们从公用资源中获取资源的数量。Van Kleef（2012）的研究表明，权力会更多地被赋予那些为了他人的利益而牺牲自己利益的对象，因此责任感强的人更容易承担领导的角色。相应地，强调权力责任时，成为领导也会诱发更多的积极行为，他们在公共财物困境中投入更多的公共资源，表现出更强的亲社会倾向（Van Dijk et al.,

2003；Rus, Van Knippenberg, and Wisse, 2010）；他们付出更多的努力，即使是在执行独立任务时，也会更加勤奋，使付出的努力最大化（Dewall et al., 2011）；他们做出更多改变和调整行为，在群体中更主动地去关闭发出恼人的噪声的风扇（Anderson, John, and Keltne, 2012），愿意为他人利益而违反规则（Van Kleef et al., 2012）；他们更积极主动地调整行为，在明确任务目标并关注任务时，他们表现出更多的坚持行为，而对与目标无关的行为有更多的抑制和约束，对人际的敏感度下降（Jennifer, 2001），表现出行为的趋近性。Winter（1991）等16年的追踪研究表明，责任权力预测16年后管理的成功，高责任感的权力者会取得更高的权力成就，而Winter等（1985）、Sabina等（2011）关于性别与权力动机表达之间的研究也表明，责任感而非性别在权力动机的效应中起中介作用，责任而不是性别更多地决定了权力动机如何被表达。这些结果说明责任是权力不可分割的部分，做好权力者应做之事会取得更大的权力成就。

权力作为社会关系的概念，对社会角色规范、义务等的感知必然依附于权力概念之上。高责任者更关注规范和义务，在行使权力时更关注"在这样的情境下像我这样的人应该怎么做"的问题，而不仅仅是"在这样的情境下我想要怎样做"（杨凯，2010）。比如，在以"华尔街游戏"或"社区游戏"命名的社会困境实验中，人们会分别表现出背叛或是合作，游戏名称暗含的责任范式影响了资源分配者对应做之事的判断，产生了不同的行为启发式（Liberman, Samuels, and Ross, 2004）。在强调社会情境的权力研究中，权力者会表现出高自我监控和更高的印象管理水平（Magee, Milliken, and Lurie, 2010；Dépret and Fiske, 1999），对重要的下属表现出更高的人际敏感性而忽略较少依赖的下属（Jennifer, 2001），导致权力在刻板印象上出现相反的变化（Lammers, Stoker, and Stapel, 2009）。

总体说来，权力责任作为应做之事，就是对（有价值的）社会规范的遵从、对群体利益的维护、对额外任务的担当、对群体成员的保护。这些应做之事有时会使权力者感受到巨大的心理压力。Galinsky等（2008）认为，权力并不总是心理上的解放，社会等级也会带来内在的心理冲突和压力，产生生理肌电和应激指标（Fodor, 1985；Scheepers et al., 2012）、肾上腺皮质（adrenocortical）、心血管、生殖繁衍和免疫力等神经生物学指标的变化（Sapolsky, 2005；Sassenberg, Ellemers, and Scheepers, 2012），将权力建构为责任甚至会导致权力吸引力评价的下降而使人们不愿意接受权力。

2. 权力责任作为对他人结果的关注

领导者的任务不仅是实现生产的任务，还包括解决与人有关的问题和决策（韦庆旺、俞国良，2009）。社会决策有其社会后果，权力的一个重要特征就是自己的决策会影响他人的结果，可以视为他人决策的代表。Polman（2010）表明，人们在为自己和为他人决策时有不同的表现，为自己决策时有更多的决策后信息扭曲，而为他人做决策会有更多的决策前扭曲。Amy 等（2003）表明，人们在为他人做决策时更冒险，但只是在决策任务并不重要时才会这样。如果决策任务重要，决策者也会表现的和为自己决策时同样的谨慎（Eveland et al., 1999; Nan, 2007）。

个体如何看待自我与他人之间的关系也会影响权力决策。独立型自我建构的个体或文化往往只强调对自己的行为负责，而互依型自我建构的个体或文化导致对他人的更多关注，更强调对他人的结果负责。比如，父母对孩子负责、老师对学生负责、领导对成员负责。互依型自我建构会导致在利益冲突中对对方更仁慈地使用权力，在解决争端时会对低权力的对手更慷慨（Howard, Gardner, and Thompson, 2007）。东亚文化将权力视为责任并倾向于认同个体行为对他人的影响，而这将导致在互依文化中对权力行为的克制（Zhong et al., 2006）。中国传统文化中的"五伦"实际上就是个体为不同关系的他人负责的表现，"差序格局"理论内容也暗含着对不同关系的他人负责的不同表现（尚玉钒，富萍萍，莊珮雯，2011；翟学伟，2011）。基于权力和责任视角的关系类型模型认为，不同关系对应着不同的责任，个体对他人感受的负责程度影响个体对他人的决策（Stamper, Masterson, and Knapp, 2009）。东方人更强调社会利益和角色责任的重要性，不承担责任或不履行义务被视为不道德并且会产生羞耻的感觉（刘邦惠、彭凯平，2012），在商务活动中更多地基于责任或关系而不是个人权利进行道德判断（Miller, 1984），当情境中的"小我"与"大我"出现利害冲突时，中国人倾向为他人利益而牺牲自我利益，"牺牲小我，完成大我"（杨中芳，1999）。

当权力个体的行为会影响他人结果时，如果对方的结果完全依赖权力者的决定时（Handgraaf et al., 2008; Cryder and Loewenstein, 2012），权力者会重视自己行为对他人的影响，会提高对对方分配的慷慨性，而且对方越弱小，越会引起权力者的公平、慷慨和责任（吴先伍，2008；Sabina et al., 2011），而如果对方有一定的甚至是很小的权力时，权力者战略上的考虑会挤掉对对手慷慨和慈善的冲动，甚至在对方强大时容易将其作为潜在竞争者和对手，就会觉得不需要为对方负责而只关注自己的结果。当对方的关系凸显（如凸显共同关系或内群体角色）（Cehajic, Brown, and Gonzalez, 2009; Spink, Wilson, and Priebe, 2010；李琼、郭永玉，2008），或者情境线索使感知他人更容易时，如对象由匿名变为显示名字或显示照片（Charness and Gneezy, 2008），个体也会表现出更多的对他人的责任。刘长江、郝芳（2011）研究发现，亲社会取向者比亲自我取向者更关注他人的利益，与亲自我者相比，亲社会者更关注那些社会上处于劣势的个体或群体，并表现出较高的同情水平，从而激发他们的利他行为，而不再关注自己的结果（Van Lange, 2008; De Cremer and Van Lange, 2001）。

3. 权力责任作为问责和结果的承担

问责指个体对向他人解释自己的信念、情感和行动的预期（韦庆旺、俞国良，2010）。问责意味着要对结果负责，要对结果做出解释，对不良的结果还要承担责罚。问责可以是明确真实的，如惩罚，也可以是心理的潜在预期。权力从来都不是没有约束的，问责和后果承担就是一种结果导向的约束，人们对未来结果的预期会影响当前的行为决策（俞国良、韦庆旺，2009）。

当个体认为别人会观察到他们的行为（他人存在），或者他们所做的会与个人联系起来（可识别性），或者认为他们的成绩会被他人评价评估（可评估性），或者认为他们必须对所说所做的给出理由时（Lerner and Tetlock, 1999），行为都会发生巨大改变。资源分配情境中，当需要担责（角色可辨认）时，个体对资源的分配会更加平均而不再表现的自利（De Cremer, 2003）；在决策者建议者系统（JAS）中，有权力的决策者更倾向搜集支持自己感受的信息，但当强调决策的责任时，则会更谨慎、更全面地了解信息（Van Swol, 2009; Fernandez and Wifall, 2007），有权力者的冒险性更强，但是在高权力个体感知到责任时，乐观主义和冒险行为的效应被减弱。权力者会表现出更多的虚幻的控制感（Anderson and Galinsky, 2006），但问责会遏制这种自我膨胀而让权力者更多地关注弱点（Sedikides et al., 2002）；在信息加工方面，当可能被问责时，权力者会综合考虑各种观点，更能容忍相互矛盾的信息，较能认识到一个观点的好坏两方面的特征，当评估有争议的话题时也更能认识到权衡双方观点的重要性；对决策进行过程问责能够产生深入的系统性信息加工，减少认知偏差（韦庆旺、俞国良，2010；韦庆旺、郑全全、俞国良，2010）；群体讨论中，在过程问责的条件下，群体成员将拿出更多的自己单独掌握的信息来与大家分享，提高群体决策的质量。

被问责的效应甚至不必是在真实问责情境或社会监督下就可以出现，个体对他人问责的预期也会产生行为的改变，甚至仅仅是在决策环境中放一只人工的眼睛的图片也会产生问责效应。高自我监控和社会焦虑的人会更关注被问责的情境，甚至会表现出取悦听众的行为（张爱卿、刘华山，2003）。而在同样的条件下，对权力角色的问责和责罚会比普通成员更加严格和苛刻，领导被要求表现出更高的公平性和严格性，如果做不到会受到更严重的责罚（王水珍，张爱卿，2005；Van Dijk et al.，2003）。这也是权力者需要考虑行为结果的责任影响而改变行为的原因（张爱卿、刘华山，2003），权力者也会因此而感到压力和约束（Fodor，1985；Galinsky et al.，2008），产生抑制行为。

2.5.4　从权力感的视角看权力效应与权力公平

权力效应的社会认知理论将权力作为一种心理结构变量（Galinsky，2003），任何时候对权力的启动都可以激活与权力有关的概念和行为倾向，改变了个体对所有事物的认知以及在所有情境中的行为（Guinote，2007；Smith and Trope，2006），是一种与心理认知、思维定式有关的心理变量。这种观点理论一方面丰富了权力操作的方法范式，另一方面也引发了对权力心理建构、认知建构、心理机制、思维机制，乃至神经机制的思考。权力效应的社会认知理论大多是将高权力（有权力）与低权力（无权力）者的行为、认知等进行比较，从权力改变认知思维的角度将权力上升到思维认知层面，将权力与基本认知和行为过程联系起来，认为权力影响认知思维的方式。权力的社会认知理论不强调，甚至回避对权力结果性质的判断，而是从权力改变认知思维的角度得出一些不包括价值判断的中性或积极的结果（韦庆旺、俞国良，2009），但大多是将权力作为一个整体而没有考察不同类型的权力（感）在认知、机制方面的差异。实际上，在运用各种权力认知理论解释一些现象时，都会有一些分离的结果或者例外的情况出现而无法完全用某些理论来很好的解释，如 Kelter 等人的权力"趋近/抑制理论"，认为提高权力可以激发"行为趋近系统"，激发与奖赏相联系的行为，更能体验到积极情绪（Berdahl and Martorana，2006），但 Fodor（1985）和 Galinsky 等（2008）的研究也发现，高权力会产生更多的内在心理冲突，在心灵内部有着更大程度的失调，具有更高的应激反应（Galinsky et al.，2008）和心电（Scheepers et al.，2012）、肌电（Fodor，1985）变化。而如果将权力类型考虑在内，将两种权力感作为解释的机制，则可以更好地补充权力认知理论的内容。

1. 从权力感视角看控制和依赖

权力控制理论（power-as-control，PAC）（韦庆旺、郑全全，2008；Fiske，1993）认为，有权的人对无权的人进行刻板化认识有两个途径：①忽视与刻板印象不一致的信息，通常是自动化的发生，不需要认知努力；②注意与刻板印象一致的信息，这是有意识的途径，只有在感到有义务判断他人时才发生（Goodwin et al.，2000）。结合两种权力感的内容，权力控制感的内涵是支配、优越与授权，不需过多关注他人的表现，因而更容易忽视他人，而权力责任感的内涵是应做之事，关注他人结果，需要有意识、有义务、有责任地感知、判断他人，产生人际公平，尽管其注意的仍是与刻板印象一致的信息，仍然会导致对对方刻板化的认识，但其视角已从忽视他人转到关注他人，可以视为权力控制感与权力责任感的差异。

2. 从权力感视角看行为趋近/抑制

Keltner 等（2003）认为高权力可以激发"行为趋近系统"，激发与奖赏相联系的行为，更能体验到积极情绪（Berdahl and Martorana，2006），低权力可以激发行为抑制系统，引发应对威胁和惩罚的行为，如逃避行为。但 Mead 和 Maner（2012）、Cho 和 Fast（2012）却发现，有权力的领导者会主动接近有威胁的成员，如在座椅位置的安排上更接近有威胁的个体，表现出对威胁的接近，出现与趋近抑制理论解释分离的结果。如果按照两种权力感的理论，当权力是控制时，会更多地出现近利避害、追求带来积极情绪的行为，而当强调权力的责任时，会出现对消极行为的接近，如对威胁人物的空间接近倾向、愿意承担更艰苦的工作、独立执行任务时最大化自己的努力（DeWall et al.，2011），刻板印象降低。

3. 从权力感视角看行为目标导向和情境聚焦

权力人会有更强烈的行为目标导向和情境聚焦能力（段锦云、黄彩云，2013），但相关理论并没有强调哪一种目标或者哪一种情境更有影响力。权力的行为和结果与目标导向有关，权力与什么样的目标联系起来以及如何与目标联系起来，就涉及两种权力感的差异。结合两种权力感的内容，强调控制和责任都同样易化目标行为，激活趋近行动导向，但权力感的不同可能会分别产生反社会的自利不公行为，或是亲社会的公平利他行为（Anderson, John, and Keltne，2012），会导致行为结果的差异。谭洁、郑全全（2010），

Guinote 等（2007）认为，权力对目标追求产生的效应主要是通过个体的自我调节（sclfregulation）特征起作用的，自我调节与个体的理想（ideals）和义务（oughts）具有强烈的内在联系（Higgins，1997）。主要强调理想和最终目标达成的个体更多地使用一种积极提升定向（promotionfocus）的自我调节策略，这样的个体对积极的结果（奖励）更为敏感，因此会更多地关注自我发展的需要以及怎样增加自己的收获；而以强调现有职责和义务为主的个体更多地倾向使用防御定向（preventionfocus）的自我调节策略，这样的个体对消极的结果（惩罚）更为敏感，因此更多地关注自我安全的需要以及怎样减少自己的损失（Higgins，1997）。这个结论，也可以作为权力控制感与权力责任感影响权力目标和权力行为的依据。

4. 从权力感视角看识解水平的作用

权力会改变权力者面对所有任务时的抽象认知，从而对事物心理距离的感知产生变化。尽管没有直接的证据证明人们拥有两种权力感会产生识解水平的差异，但 Lammers 和 Stapel（2009）、郑睦凡和赵俊华（2013）关于权力与道德研究可以为两种权力感与识解水平的关系提供参考。郑睦凡、赵俊华（2013）发现当情境卷入程度低时，权力者倾向基于规则（义务论）的道德判断；当情境卷入程度高时，被试倾向基于结果（后果论）的道德判断。根据识解水平理论，人们对情境的具体化程度可以体现识解水平的差异，高情境卷入度表明对情境感知更为细节化和具体，属于低识解水平，基于结果的道德判断与低识解联系更密切。而低情境卷入度表明对情境感知更为概括和抽象，属于高识解水平，与基于规则的道德判断联系更密切。Lammers 和 Stapel（2009）探讨权力对人们解决道德困境方式的影响，发现在判断行为性质时，高权力者更关注原则和规范是否被违背，更倾向使用基于规则的道德思考模式，而低权力者更关注结果，倾向使用基于结果的思考模式，表明高低权力者在进行道德思考时存在识解水平上的差异。但同时，该研究的其中一个实验还发现，当基于原则和规范的决策会威胁到权力个体的自我利益时，高权力者的道德判断会出现反转，说明权力者会有关注自我利益和关注原则规范的两种取向的冲突。权力责任感、公平行为都是社会规范所提倡的行为，而权力控制感、自我利益是更倾向自我取向的行为，进而可以推断，权力者关注自我利益与关注原则规范间，也可能会产生识解水平的差异，权力责任感可能与高识解水平建构有关，而权力控制感可能与低识解水平建构有关。

以上是基于权力的社会认知理论分析对权力控制感与权力责任感关系的

可能解释，这些分析和解释有助于理解和整合权力认知的研究、理论和结果之间出现不一致的地方，王雪、蔡颖等（2014）整理了有代表性的权力理论的效应的横向比较，可以看出，对于不同理论间矛盾的部分，如果用两种权力感来解释，就会变得协调和统一（表2.1）。

2.6 识解水平与权力感的相互影响

2.6.1 权力感与权力人的识解水平

Trope 等（2006）的识解水平理论（Construal Level Theory，CLT）认为，心理距离与识解水平有关，人们对不同心理距离事物的加工差异本质上是人们对不同距离事物的表征差异：人们倾向用更抽象的心理模型，即更高水平的识解，来表征距离远的信息，而用更具体的心理模型，即更低水平的识解，来表征距离近的信息（Trope and Liberman，2003；孙晓玲、张云、吴明证，2007）。心理距离是识解水平的表征与操作的方式，包括时间距离、空间距离、概率距离和社会距离。近年来，权力感与识解水平、心理距离之间的关系研究，以及权力感高低影响个体认知的研究逐渐被研究者所关注（黄俊、李晔、张宏伟，2015）。

表2.1 各种理论权力效应的横向比较

	接近—抑制理论	情境聚焦理论	社会距离理论	关系
1	不易受社会影响	关注更多与情境一致的信息，不易受到干扰信息的影响	不易受社会影响	一致
2	高权力者根据自身利益来认知他人	高权力者会工具化地认知他人	高权力者会工具化地认知他人	
3	权力促进目标追求	高权力者会做出与目标一致的行为，在目标设定后更快地采取行动，在追求目标的过程中更具有坚持性	权力促进目标追求	一致
4	高权力者的态度具有稳定性	高权力者的态度与情景一致，在不同情境中态度会出现变化	高权力者的态度具有稳定性	一致

续表

	接近—抑制理论	情境聚焦理论	社会距离理论	关系
5	高权力者的行为与其内在的特质、状态一致；低权力者的行为会随情境改变	高权力者的行为具有更高的灵活性和变异性，会随情境变化	权力促进与价值观一致的行为	矛盾
6	高权力者更容易收到刻板印象	当与目标相关的刻板印象有效时，高权力者受刻板印象影响；当与目标相关的刻板印象无效时，高权力者个体化地知觉他人	当与目标相关的刻板印象有效时，高权力者受刻板印象影响；当与目标相关的刻板印象无效时，高权力者个体化地知觉他人	矛盾
7	低权力者会进行更加复杂的认知推理	低权力者会进行更加复杂的认知推理	—	一致
8	高权力者倾向自动化的社会认知；低权力者倾向控制性的社会认知	高权力者采用的加工方式受情境影响；低权力者则总是倾向控制性加工	—	矛盾
9	高权力者更少关注他人	—	高权力者不关心他人心理状态	一致
10	高权力者的同理心更低	—	控制性加工	一致
11	权力会降低个体的自我管理能力，表现出"去抑制化"	—	权力会提高个体的自我控制	矛盾
12	高权力者更多关注渴求性，更少关注可行性	—	高权力者同时关注与渴求性、可行性有关的积极信息	矛盾
13	高权力者更多体验到积极、焦躁的情绪，包括渴望、热情、骄傲、狂热；低权力者更多体验到消极、焦虑、压抑的情绪，包括敬畏、尴尬、害怕、愧疚、感激、羞耻、焦虑、沮丧	—	高权力者更多体验到骄傲、厌恶、蔑视和气愤，更少体验到愧疚、尴尬、感激、同情	部分重合*
14	—	高权力者更快地设定目标	权力促进目标选择	一致
15	—	高权力者会对找出主要目标，并迅速做出行动	权力促进目标激活	一致

续表

	接近—抑制理论	情境聚焦理论	社会距离理论	关系
16	—	个体采用抽象或是具体的加工方式由情境决定	权力提高解释水平	矛盾

注：*重合的内容在表格中用下划线标出。

已经有许多研究证明，高权力感是与高解释水平相关的，心理表征更加抽象（Smith and Trope，2006），进而带来许多行为上的变化：高权力感会使个体觉知自己与他人的社会距离更远（Smith and Trope，2006；Lammers et al.，2012），更喜欢独自行动（Lammers et al.，2012），采取较远的视角认知自己的情境，思考问题、描述事件时思维和语言更加抽象（Magee，Milliken，and Lurie，2010），更为关注事物的主要特征和核心特质，更关注目标的价值（即价值性，对应于高识解水平）而非如何达成目标（即可行性，对应低识解水平）（Smith and Trope，2006），高权力者更不容易受到他人的影响（Seeetal，2011；Tost，Gino，and Larrick，2012），在社会比较时更加关注差异，控制欲增强，减少了人们对他人观点的采择和换位思考能力（Galinsky et al.，2006），高的权力感还会降低人们的同情心（Van Kleef et al.，2008），导致利他行为减少（Seeetal，2011；Tost，Gino，and Larrick，2012）和增加行为的进逼性（Smith and Bargh，2008；李小平、杨晟宇、李梦遥，2012）。Lammers 等人（2012）还指出，高权力感所伴随的社会距离的加大，会使个体的利他行为减少。

尽管权力与识解水平之间的关系已经相当清楚，即权力增加识解水平、提高心理距离，但是对于两种权力感，或者两类权力行为结果（亲社会、利他、公平行为和反社会、自利、不公行为）的识解水平差异较少进行比较，是否与识解水平有关也没有进行严格的验证。

Smith 和 Trope（2006）提出权力产生抽象认知的假设，并且把这种抽象认知与更广泛的自动加工与控制加工等信息加工过程联系起来。社会认知双重加工模型认为，个体的社会行为由自动化过程（automatic process）和控制过程（controlled process）两种过程指引，对应的信息加工方式为联想加工和命题加工。联想加工是自动产生的，不占用个体过多的认知资源，加工过程不依赖价值和信念（truth value，真值）；而命题推理加工是基于演绎推理的高级加工过程，受价值和信念的影响。联想加工和命题推理加工相互影响，从而导致外显态度和内隐态度的改变，并且命题推理加工依赖自动产生的内隐联想加工。虽然该理论主要用于解释态度改变的机制，但符合社会认知过程一般性的理论构架。

前文在权力认知理论与两种权力感关系的论述中已有提及，两种权力感也会在认知心理过程方面表现出差异。例如，权力控制模型中个体有意识、有义务地判断他人时，属于控制加工的过程，而刻板印象等是无意识的自动化的加工，前者可能接近权力责任感的含义而后者接近权力控制感的含义；权力"趋近/抑制理论"中，积极情绪和讲授激发行为接近系统，心理距离更近，而威胁和惩罚等激发行为抑制系统，心理距离更远，前者可能接近权力控制感的含义而后者接近权力责任感的含义；目标导向理论和情境聚焦理论中，主要强调个体的理想（ideals）和最终目标达成的个体更多地使用一种积极提升定向（promotionfocus）的自我调节策略，表现为对积极结果（奖励）更为敏感，更多地关注自我发展的需要以及怎样增加自己的收获，与权力控制感接近，而以强调现有职责和义务为主的个体更多地倾向使用防御定向（preventionfocus）的自我调节策略，表现为对消极结果（惩罚）更为敏感，更多地关注自我安全的需要以及怎样减少自己的损失，与权力的责任感接近，分别代表低识解和高识解；Lammers 和 Stapel（2009）的权力与道德研究表明，权力者会有关注自我利益和关注原则规范两种取向的冲突，前者可能受到权力控制感的影响而后者可能受到权力责任感的影响，分别与低识解水平思维和高识解水平思维有关。

关于自我与他人取向的研究结果也可以证明两种权力感的识解水平的差异。个体倾向用高水平识解表征发生在远期、可能性很小或发生在他人身上的事物，而用低水平识解表征发生在近期、可能性很大或发生在自己身上的事物。吴先伍（2008）关于责任与自由的哲学思考认为，自由是以自我为中心的，责任是以他人为中心的，而自我与他人又分别对应近的和远的心理距离（杨帅等，2014），相应地，权力的控制感则可能对应低识解水平，而责任感对应高识解水平。刘喆等（2015）对领导执行公正准则的原因进行了解释，认为有两种理论可以解释领导公正，社会交换理论强调行为是以自我为中心的，注重对自我利益的追求，促进了非利他性的公正行为，而公正道义模型强调行为是以他人为中心的，注重为他人寻求利益和幸福感等（Cropanzanoetal，2003），是自利与利他的差别。而 Rachlin（2002）认为，利他的个体需要抑制自私、利己冲动。从这点上，利他行为与跨期选择中的延迟满足具有相似的心理机制，其本质都是自我约束和抑制，因而也可能有识解水平的差异。

关于文化的差异也可以证明两种权力感、权力行为的差异。Torelli 和

Shavitt（2011）认为权力对信息加工的影响依赖文化取向。东方人具有整体型思维加工方式，更多地考虑行为的规范，更多地考虑责任，而西方人具有分析型的思维加工方式，更多地考虑行为的自由，更多地考虑控制。Zhong 等（2006）对权力在行为影响上的东西方差异的研究表明，东方人在行使权力时，会更多地考虑社会环境和他人结果，认知上所考虑的范围更广，其识解水平可能更高，更与权力责任感相对应，西方则在较小的范围内考虑权力认知，其识解水平可能更低，更与权力控制感相对应。杨中芳（1999）认为当情境中的"小我"与"大我"出现利害冲突时，中国人倾向"牺牲小我，完成大我"，表现出高识解的大局观倾向。Menon 等（2010）的研究也表明，不同文化对领导者的位置有不同的认知，东方文化更强调领导者对群体的责任，因而更尊敬位于群体后位的，能够观察整体和监控群体免受威胁失败的亚洲的家长式领导，而西方文化更强调个体主张（individual assertion）显示超越群体环境的思想，因此更尊敬位于前位的，代理群体超越他人的领导者，显示出对不同识解水平条件下领导位置的文化偏好。

综上，两种权力感与两类权力行为表现可能具有识解水平的差异，具体来说包括责任感是高水平识解、控制感是低水平识解、权力的亲社会行为是高水平识解、自利行为是低水平识解。权力感、权力行为与识解水平的对应关系和表现如表 2.2 所示。

表2.2　权力感、权力行为与识解水平的对应关系和表现

两种权力感	认知聚焦点	权力感表现	权力行为
权力控制感（低识解）	自我、当前利益、利己、直觉、情感、自由行为、基于结果、目标可行性、自我本位、趋近系统、自动化加工、关注近期的具体结果	支配、控制、自由行为	自利行为、独断行为
权力责任感（高识解）	他人、未来后果、利他、理性、认知、社会规范、基于规则、目标价值、他人本位、抑制系统、控制性加工、关注事件的长远利益	约束、抑制、责任行为	利他、自制行为、高自控力

2.6.2　识解水平对权力感、权力行为的影响

Galinsky 等人（2003）认为，任何时候对权力的启动都可以激活与权力有关的概念和行为倾向，改变了个体对所有事物的认知以及在所有情境中的

行为（Guinote，2007；Smith and Trope，2006）。Smith 等（2008）新近的研究表明，不仅权力产生抽象认知，抽象认知反过来也会增强权力感。人们也会根据识解水平的高低来判断事物心理距离的远近。关于识解水平的研究也大多得出双向影响机制的结论（孙晓玲、张云、吴明证，2007；王霞、于春玲、刘成斌，2012；黄俊、李晔、张宏伟，2015；Smith, Wigboldus, and Dijksterhuis，2008；Wakslak et al.，2006；Henderson，2013；Bar-Anan, Liberman, and Trope，2006；Smith, and Trope，2006；Smith, Wigboldus, and Dijksterhuis，2008）。即行为有识解水平的差异，通过调整和改变识解水平也可以改变行为。

　　Smith, Wigboldus 和 Dijksterhuis（2008）认为，一个人的主观权力感对行为产生的影响会比他实际拥有的权力更大，权力感可以由一个人的信息加工方式所影响。有研究者发现，个体进行抽象思考时（高识解水平操纵），他所感知的权力感更强，对高权力的职位更偏爱，对周围环境的控制欲也会增强（Smith, Wigboldus, and Dijksterhuis，2008）。高识解水平操纵下的被试对于道德判断更为严格，即认为道德行为更为道德，而不道德行为更不道德（更不能接受有损道德的行为）；低识解水平操纵下的被试对道德判断更为宽松，即便是不道德的行为，他们也能够接受（黄俊、李晔、张宏伟，2015；Agerström and Björklund，2013；Agerström, Björklund, and Carlsson，2013；Eyal, Liberman, and Trope，2008）。高识解水平使个体对事件的表征更为抽象，从而使个体更关注事件的长远利益，而不是近期的具体结果，因而表现出更多的自制行为，具有更高的自控能力（Fujita et al., 2006；Schmeichel, Vohs, and Duke，2011；Fujita and Carnevale，2012）。具有高识解水平的个体在诱惑面前，更多地表现出自制行为，并且有效地克制住了诱惑物的诱惑（Fujita and Han，2009；Fujita and Roberts，2010；Fujita and Sasota，2011），可以推断，在两种权力感的条件下，改变识解水平可能进而改变决策偏好（徐惊蛰、谢晓非，2011），分配公平行为也可能会出现差异（Smith, Wigboldus, and Dijksterhuis，2008），抽象思维比具体思维具有更小的束缚，进行更多的抽象思考会使人感觉到更有权力（Smith and Trope，2006）。

　　以上这些研究结论都证明，可以通过操作认知和识解水平的方式改变行为。那么，如果通过操作识解水平，是否会对两种权力感和权力行为产生影响？又会以怎样的机制产生影响？目前尚未见有研究进行验证。

I suppose leadership at one time meant muscles; but today it means getting along with people.

—— Mohandas K. Gandhi

明主好要，暗主好详。主好要则百事详，主好详则百事荒。

——《荀子·王霸》

3 整体研究构思和研究假设

3.1 以往研究的不足

回顾以往研究可以发现，随着权力效应的社会认知理论的兴起，关于权力的研究逐渐由权力对个人行为的影响转向对权力内在的认知心理机制的探究。尤其近年来，国内关于权力的心理认知与行为方面的研究逐渐成为热点，出现了许多不同视角的研究（管延华、迟毓凯、戴金浩，2014；云祥、李小平，2012；钟毅平等，2015；魏秋江，2012；钟毅平、张珊明、陈芸，2013；李小平、闫鸿磊、云祥，2014；坎杰米、富阔、佩恩，1997；李翠萍，2013；杨惠兰等，2015），得出了许多有价值的结论。相关研究结果广泛应用于企业管理、道德判断、认知心理过程、行为决策、消费等领域，为丰富和充实权力的社会认知研究做出了先驱性的贡献。然而，综观这些研究，可以发现，以往的权力研究表现出以下一些不足。

（1）忽视了文化差异。无论就理论建构、研究范式还是研究内容而言，当前大量的权力认知研究沿袭了国外研究的预设前提与范式，将权力视为对资源和他人的控制，而忽视了权力作为责任的特征，这制约了国内权力研究的发展和对权力本质的认知。我国具有与西方不同的文化背景和独特的权力（距离）文化，李宇、王沛、孙连荣（2014）认为，中国人社会认知滋长的基础是以"差序格局"为基调的传统文化,其根本特点为"他位认知"。而已有的权力研究中,绝大多数强调的是权力者自我的本位认知及其带来的行为影响,因此权力认知研究的本土化、中国化是建构适合国内权力认知研究及方法的新挑战,也是对权力研究的重要补充。

(2) 相关概念和测量工具欠缺本土特色。目前,国内有关权力感的概念和测量大多照搬西方的理论、概念以及测量工具,欠缺本土特色。概念界定和测量工具直接影响研究内容的准确性和完整性,以往的权力感测量只包含权力的控制感一方面,强调权力的自由、支配,而忽视了权力感的另一个可能的组成部分,即权力的责任感。尽管权力控制是权力感的典型特征,但是权力的责任也是权力的重要构成因素,现实生活中,只有自由没有约束、没有责任的权力是不存在的,权力的责任也是权力天然的组成部分,权力的责任感也应该是权力感的重要组成部分,但目前尚未有关于权力责任感的概念界定和测量工具。

(3) 对权力导致积极或消极行为的内在机制探讨不够。尽管已有许多研究探讨和分析了权力导致的两类典型行为(亲社会行为和自利行为)的多种影响因素,但是对这些影响因素之间的内在联系或潜在机制没有进行系统的梳理和整合,而大多以分散研究的形式存在,造成部分研究结果之间的差异、矛盾甚至冲突。因此,当前的权力研究应注意挖掘多种影响因素背后共同的心理机制,以有助于更好地解释、预测和控制权力的行为。

(4) 从识解水平视角探讨对权力影响的研究较少。在近年国内心理学领域发表的权力相关的实证研究中,较少发现有采用识解水平的理论视角进行的研究。国外研究中则有很多关于识解水平与权力的关系探讨,并得出许多有价值的结论。识解水平理论在我国的权力文化背景下是否会有与西方研究相一致的结论,还是会表现出不同的特点,值得学者们进一步探讨。

(5) 缺少在复杂社会决策背景下进行的权力研究。权力是社会关系变量,权力行为也是一种社会决策,当前的权力研究大多是在尽可能多地剥离社会背景特征的情况下进行,而且忽视了权力对象一方对权力者行为的影响,使相关研究结论在社会现实中推广的生态效度受到一定影响。在我国强调差序格局和角色规范的社会文化背景下,权力的研究应当更加重视社会决策背景信息。

3.2 本研究目的和整体研究构思

3.2.1 研究目的和研究假设

本研究拟从权力感的构成、测量和特点入手,探讨权力感在权力与公平间的影响,同时以识解水平为研究内容,探讨两种权力感条件下人们的识解水平特点和识解水平对两种权力感的影响,以及两种权力感、识解水平在权力与公平行为间的作用。

本研究认为,无论是权力人的主体特征,还是权力的客观特征,其对分配公平行为的影响都是通过两种权力感的中介作用而产生的,并且两种权力感可能产生相反的效应。识解水平调节了权力与权力感的关系,通过影响权力感进而影响分配公平。

本研究的整体性研究假设如图 3.1 所示。

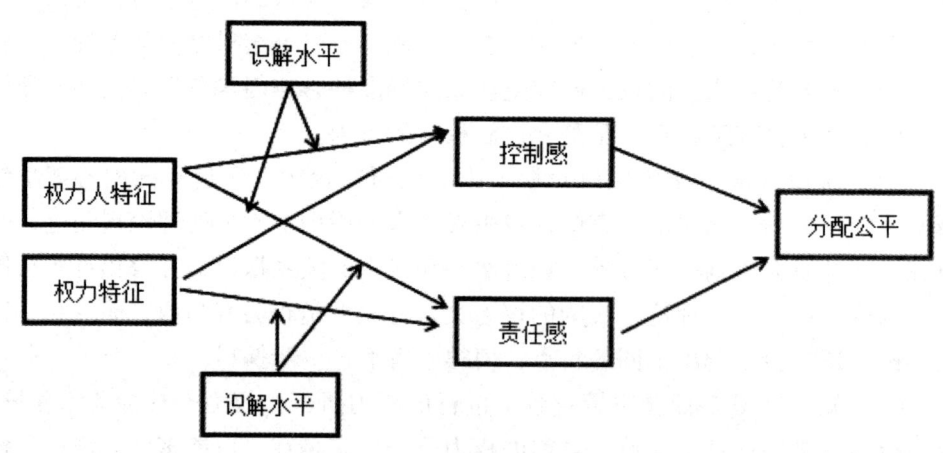

图 3.1 整体研究框图

3.2.2 整体研究构思

本文的研究分为四个部分:研究一通过问卷编制和检验的过程探讨权力感由权力控制感和权力责任感两方面构成,并通过对不同社会角色对象的权力感调查和与旁证效标变量之间的关联来检验两种权力感理论的合理性和可靠性。该研究包括两个实验：实验1主要采用问卷编制的方法初步编制权力感问卷，探索权力感的结构；实验2对编制的权力感问卷进行实证测量和效标检验，考察权力感问卷的信度和效度。

研究二通过实验的方法检验权力感是否是影响分配公平行为的直接原因，并且对两种权力感条件下被试的识解水平进行比较，探讨权力感对公平的效应的作用机制，以及识解水平的特点，并为后续研究做好理论上的检验和材料上的准备。该研究包括一个实验：实验3通过操作权力概念化操作诱发被试不同的权力感，在不同社会关系对象间分配资源，考察分配的公平程度。同时，在诱发不同权力感条件下进行识解水平的测量，检验两种权力感条件下的识解水平差异。

研究三关注权力感与识解水平在影响权力行为的个体因素中的影响作用和机制，通过对检验两种权力感与识解水平在权力人个体特征与公平间的影响路径，探讨两种因素的影响和机制。该研究包括两个实验：实验4测量被试的社会支配倾向，实验5测量被试的社会价值取向。测量后，操作被试的识解水平启动，检验社会支配倾向、社会价值取向与分配公平间的关系是否会受到识解水平启动的调节作用。同时，检验两种权力感是否会在社会支配倾向、社会价值取向在分配公平上起中介作用。

研究四关注权力感与识解水平在权力特征与公平间的作用。通过对检验两种权力感与识解水平的影响路径，探讨两种因素的影响作用和机制。该研究包括一个实验：实验6以多个不同社会关系角色为分配对象，以平均分配作为分配公平的原则和指标，考察在同时面对多个不同社会距离的分配对象时，权力来源于不同途径的权力者在分配时公平程度的变化，并且考察权力感与识解水平在影响关系分配公平性中的角色。

本研究的研究思路、拟解决的问题和具体研究假设如图3.2所示。

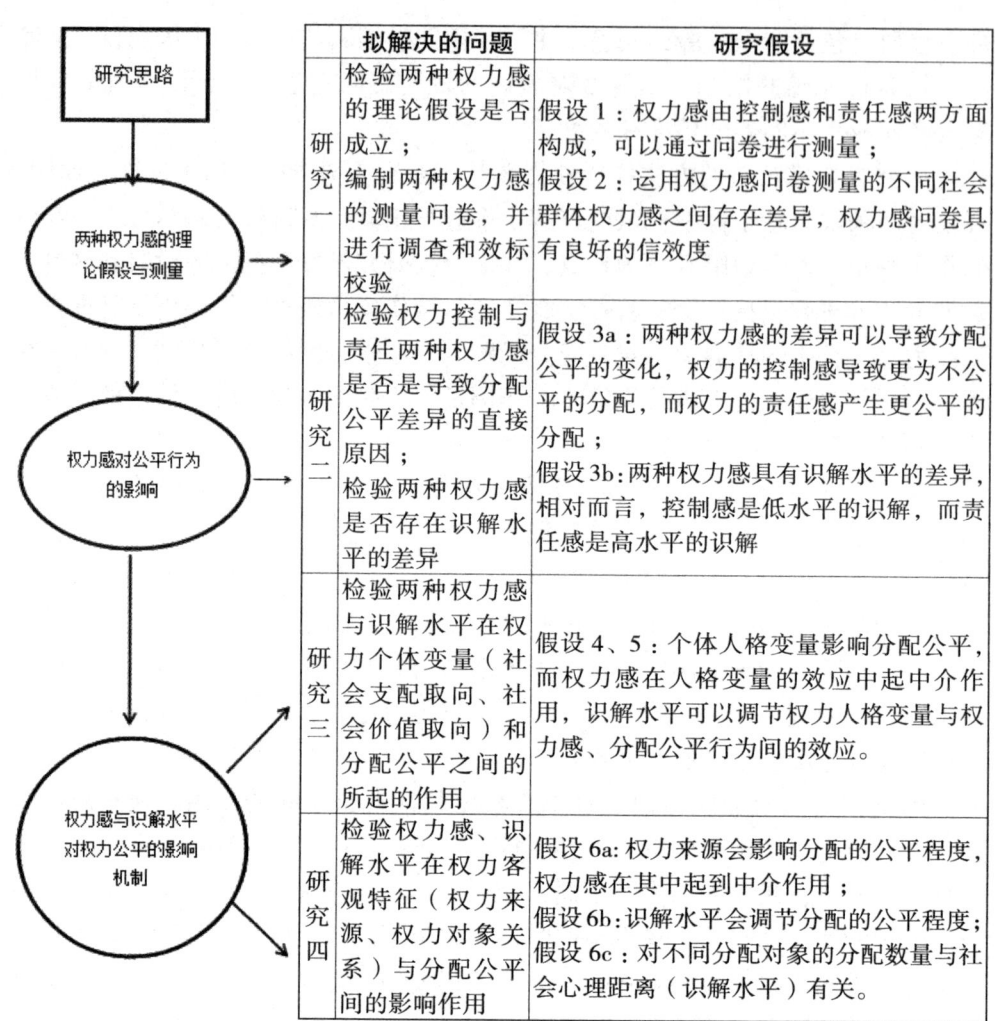

图 3.2　研究思路、拟解决的问题和具体研究假设

I don't spend a lot of time taking polls around the world to tell me what I think is the right way to act. I just got to know how I feel.

——George W. Bush, United States President

当官不为民做主，不如回家卖红薯。

——民谚

4 研究一 权力感量表编制和效度验证

4.1 研究目的

本研究的目的在于探索和验证权力感的结构，探讨权力感由控制感和责任感两方面构成的假设是否成立，并通过对不同社会对象权力感的调查，以及权力感与旁证效标变量之间的关联，来检验两种权力感结构的合理性和可靠性。

4.2 两种权力感量表的构思依据

4.2.1 权力控制感与责任感

当前国内外的权力（感）研究，尤其是西方研究主要是将权力视为一种控制，将权力感视为一种控制感，而忽视权力的（作为一种社会关系的）责任性质和另外一种可能的权力感受——权力的责任感。与西方个体主义文化不同，东方传统文化历来强调权力责任的重要性。Zhong 等（2006）对中西方权力表达的研究表明，权力被激发后呈现与责任感（责任、义务、职责、依靠）和控制感（应得、优势、获得、授权）相关的概念词以及一些中性词或非词，欧美人启动权力后对控制感的词比对责任感的词反应更快，亚洲人则对控制感的词有延迟而对责任词反应加速。文化价值取向的研究也表明，有垂直个体主义文化取向的人将权力视为个人概念（权力是为获得高于他人的身份和他人的认可），权力更多地表征为控制、支配和自由，而有水平集体主义文化取向的个体将权力视为社会概念（权力是为他人利益和帮助他人的）（Torelli and Shavitt, 2010），代表的是一种责任（Chen Bozhong et al., 2006）。一些凸显权力结果与权力社会情境的权力研究也发现责任感对行为的中介作用（De Wall et al., 2011; Zhou and Wu, 2011; Torelli and Shavitt, 2011）。

Lammers, Stoker and Stapel（2009）、Fiske and Berdahl（2007）等研究者认为，不应当将权力作为一个整体的概念，而应分为个人权力（为使个体掌控自身结果、脱离他人影响的能力）（Overbeck and Park, 2001）和社会权力（对他人的影响、控制能力）（Dubois, Rucker, and Galinsky, 2010; Fast et al., 2011; Galinsky et al., 2003; Maner et al., 2012），进而发现两者在有些行为效应上完全一致，如两类权力都会促进个体的趋近行为，但有些行为效应则完全相反，如个人权力会使人们更少地遵守规范，但是社会权力没有这样的效应（Galinsky et al., 2008）；个人权力会增加刻板印象，而社会权力减少刻板印象（Lammers, Stoker, and Stapel, 2009）；人们更愿意提升个人权力而非社会权力（Van Dijke and Poppe, 2006），两种不同权力类型产生行为结果的分离。即使同为社会权力的概念，由于学者们强调的角度有所不同也会造成研究结果间的差异、分歧，甚至是矛盾。有的学者强调社会权力是对他人的影响和控制，因而有些研究中社会权力会导致优越感而产生自利的损害他人利益的结果（Dubois, Rucker, and Galinsky, 2010; Fast et al., 2011; Galinsky et al., 2003; Maner et al., 2012），有些研究强调是对他人结果的关心和重视，因而社会权力会导致更为积极的利他的行为结果。这些分离的结果无法完全用权力的控制感来解释，对社会权力和个人权力的概念划分也无助于更好地理解权力导致的两类不同性质行为结果的机制。

这些研究结果的差异提醒我们，权力感的心理结构并不是单一的，权力控制感和责任感可能都是伴随权力而产生的主观心理感受。从权力类型上看，个人权力或社会权力两种类型的权力可能会产生不同的权力感受，个人权力更多地产生权力控制感，如自由感、支配感和授权感。社会权力强调的重点不同，诱发的权力感受也不同，可能分别属于权力的控制感（控制他人结果、超越他人）和权力的责任感（关心重视他人结果、看重行为后果）。对权力后果与权力社会情境的重视可能会产生行为的抑制感、约束感、义务感。对比权力的控制感和责任感，权力的控制感与支配、独立、自由、授权感等相联系，权力的责任感则与影响、依赖、义务、约束相联系。控制感是个体背景下的权力感（魏秋江、段锦云、范庭卫，2012），是权力者自我中心式的感受，其焦点核心是个体当前独立、自由、支配等内在的心理状态和个体利益，而责任感是在人际背景下的权力感，是权力者以他人为中心，在社会情境下关注未来事件结果和外部线索而产生的行为依赖、约束和抑制（Galinsky et al., 2008；Van Dijke and Poppe, 2006；Anderson, John, and Keltner, 2012；Lammers, Stoker, and Stapel, 2009）因此可以说，权力的控制感和责任感可能是伴随权力而产生的两种不同的主观心理感受。

4.2.2 两种权力感的测量

在权力感的研究中，绝大多数都将权力感等同于权力的控制感，在测量上应用较为广泛的权力感测量工具是 Anderson、John 和 Keltner（2012）开发的个人权力感量表（The personal sense of power）。该量表针对一般情景下的自我权力感，包括 8 个题目（如"在讨论或交谈的时候，我总能使别人聆听我所说的""在我有需要的时候，我总是能找到有用的途径和资源来达成意愿"等）。问卷采用自评的方式，具有较好的表面效度，在多项研究中具有广泛的应用。但是，该量表在理论构念上有一定偏颇之处，该问卷的题项是将权力感作为人际间支配和控制的力量，其权力感的核心是控制感，并没有考虑权力的责任感。其他的权力研究也极少将责任感作为权力产生的心理感受，针对权力责任感的测量在研究中也极其鲜见。但根据前面论述，权力控制感和责任感可能都是伴随权力而产生的主观心理感受，应注意和重视两种权力感，尤其是权力责任感的划分、界定和测量。

由于缺少专门针对权力责任感的研究和测量方法，我们以责任感的相关研究和测量工具为参考，尝试找出与权力责任感有关的内容，建立权力责任感的测量工具。《现代汉语小词典》中的责任既指"分内应做的事"，又指"由于没有做好分内应做的事，因而应承担的过失"（商务印书馆 1980 年版）。谭小宏、秦启文认为，所谓责任感，是指个人对自己和他人、家庭和集体、国家和社会所负责任的认识、情感和信念，以及与之相应的遵守规范、承担责任和履行义务的自觉态度。国外关于责任感的定义比较混乱，责任感并没有统一的概念、理论和评价测量工具（李明，2008）。国外研究中的 accountability（当责、问责）也常被译为责任感，但 accountability 更多地强调对后果的追责，所代表的责任感含义的范畴远远小于一般意义上的，尤其是东方文化背景下的责任感的含义。东方文化背景下的责任感具有当家人的意味，它既可以视为社会对个体认知和行为的期待与要求，也可以视为个体对社会情境的认知，是个体决策者与其所在社会系统之间的联系纽带（Winter，1998）。结合权力的概念，权力责任感可以被定义为在行使权力时对权力行使的应做之事的感知，对权力对象的影响和后果以及对行使权力后果的承担的预期。

在责任感的内容方面，Schlenker等人（1994）建立了一个责任感的三角模型，认为责任感由三个部分组成：行为准则（prescription）、事件及其后果（event）、行动者的角色定位（identity）。特定条件下的责任是特定事件、与事件相关的行为规范以及个体在事件和规范中的角色身份三者之间的联结，联结越紧，责任越强（朱秋飞、何贵兵，2011）。但Schlenker并没有提出具体的测量方法和工具。Wood（2007）将领导当责（accountability）界定为三层含义①承担责任的意愿；②言行公开；③做出应答，并开发了测量责任心结构的三个量表：负责性量表、公开性量表和应答性量表，但研究者并未提供全量表内部一致性系数，也没有对数据进行探索性因素分析，因此尚且不能说明领导当责就是一个三维的心理结构。一些研究（Chen and Bargh，2001）用社会称许量表（Marlowe-Crowne social desirably scale）（Marlowe and Crowne，1960）反映被试的社会责任。该量表有33个关于社会称许和不赞许的行为题项（如如果我不买票就能看电影而且别人不知道，我就会这样做）要求被试做出是或否的判断，研究者认为该量表能够高度反映权力者的社会责任（Chen，Bargh，2001）。Chen和Bargh（2001）还要求权力者给一些诸如保证他人的福利、对他人的需要表示关心和敏感等的词句打分，以此判断被试的社会责任感。国内学者在责任感方面的实证研究主要集中于责任感的心理构成和责任感的测量上，如郑莉等人（2009）认为责任心理结构由责任认知、责任情感和责任行为构成，李鹏（2012）、程岭红和黄希庭（2002）、谭小宏和黄希庭（2004）、林锦秀（2012）等自编了针对中小学生、青少年、大学生以及一般成人的责任感问卷，将责任心划分为一般责任感、个体责任感、社会责任感或"总体责任心""一般责任心"和"特殊责任心"等基本维度。一些人格测验，如16PF、大五人格测验、中国人人格量表（QZPS）中关于自律性、尽责性（conscientiousness）、行事风格等的测量也为权力责任感的测量提供了参考。可以根据权力责任感的定义，结合相关问卷、量表中的问题进行筛选、修订，编制定权力责任感问卷。

4.2.3 两种权力感的效标检验

作为伴随权力而产生的主观心理感受，权力感可能存在个体差异，同时可能由于情境、角色等条件的不同而存在差异。作为一种社会结构变量，不同权力结构下的社会群体的权力感受可能存在差异，有权力者和无权力者（被管理者）对权力感受应该会有差异。研究（李小平、杨晟宇、李梦遥，2012）表明，长辈、警察、公务员、领导等是不同领域的高权力等级角色，以普通人相比可能有更为深刻的权力感受，并且不同角色的权力感受也可能有所不同，可以通过对不同群体的权力感的测量、差异比较和分析，检验两种类型权力感存在的证据。同时，可以通过将两种权力感结果与和权力有关的其他效标变量进行关联，检验两种权力感的合理性与准确性。

文化价值取向被认为是与权力有关的变量（Torelli and Shavitt，2010），文化价值取向的差异会塑造权力的性质、运用权力的模式、对权力目标的动机态度，以及权力定义方式（Hofstede，1980；Oyserman，Coon，and Kemmelmeier，2002；Chiou，2001）。根据集体—个体和水平—垂直两个维度的正交分解可以形成四种文化价值取向类型：水平个体主义（Horizontal Individualism，HI）、垂直个体主义（Vertical individualism，VI）、水平集体主义（Horizontal collectivism，HC）、垂直集体主义（Vertical collectivism，VC）（Triandis，1995）。Torelli 和 Shavitt（2010）研究通过多种操作证明，垂直个体主义是将权力概念化为个人事物，认为权力是提高个人身份和声望的个体概念，主要围绕着趋向于满足个体意愿的影响力和授权等行为，更接近权力控制感的概念；而水平集体主义是将权力与社会目标相联系的，权力是为了帮助他人和获取利益，因而是一种社会事物，接近权力的责任感（Torelli and Shavitt，2011；Torelli and Shavitt，2010；Xie and Chen，2006）。可以通过将两种权力感与文化价值取向之间的关系的探讨，检验权力感问卷内容效度的合理性。

4.2.4 研究构思

通过两个实验验证权力感是由权力控制感和权力责任感两个部分构成的。

实验 1 主要采用问卷编制的方法分别以探索性因素分析（实验 1a）和验证性因素分析（实验 1b）探讨权力感的分类和结构，编制权力感问卷。实验 2 对编制的权力感问卷进行实证测量和旁证效标检验，通过对不同社会群体对象两种权力感的测量，比较不同对象权力感的特点和差异，通过与权力感旁证效标的测量，检验两种权力感测量的有效性和可信性。

4.3 实验1：权力感结构探索与验证

4.3.1 实验1a 两种权力感量表的探索性因素分析

采用探索性因素分析的方法对权力感的类别维度进行分析。

1. 谈研究和题目筛选

根据文献综述部分对可能存在两种权力感受的文献分析，邀请多位在社会生活中具有一定权力的社会角色进行结构式访谈。访谈对象包括政府公务员（3名）、警察（2名）、高校二级学院领导（3名）、高校普通教师（4名）、大学生（5名）。其中，男性10名，女性7名。请其表达自己对权力的看法和感受，并回答如下问题：

在社会生活中，有权力的人掌握和控制资源，同时承担做事和后果的责任。你觉得你是否拥有一定程度的权力？你觉得什么是权力？有权力的人有哪些特点？你认为有权力会带来哪些感觉？当你拥有权力的时候，你会有哪些感觉？当你行使权力的时候，有哪些考虑？作为权力者，在行使权力时会有什么样的行为和感受？

在回答完问题后，请其审定权力分别具有控制和责任两方面含义、拥有权力也分别会带来自由和责任两种权力感的概念架构（理论假设），这两种论述是否具有合理性和现实性。被采访的权力对象皆表示原则上的肯定。

然后请其参考现有的各项测量权力感（Anderson, John and Keltner, 2012）、权力行为指标、责任感问卷（李明，2008；刘建鸿，2009；刘朝燕，2010；黄蔷薇，2009；高长丰，2007；肖波，2009；叶宝娟，2009；赵兴奎，2007）等的量表中的题项构成的题库共81项，选出认为与两种权力感概念和测量有关的题项。

与一名心理学教师和一名社会学教师（均为硕士学历）共同讨论访谈对象的回答、备选题库中的题项、访谈对象筛选出的各个题项与所欲测量的两种权力感概念间的妥帖性与适当性，同时修订题目的修辞表达等。最终从题目中筛选出 15 道作为正式试测题目。按完全不同意（-3）到完全同意（+3）七点计分，得分越高表明该权力感受越强。

2. 被试

采用在线调查和纸质问卷相结合的方式，对广东、浙江、辽宁等省市大学生和事业单位员工进行调查。被试共 190 人，其中男性 64 名，女性 105 名，21 人缺失性别数据；大学生 136 名，成人 45 名，9 人缺失身份信息。共发放问卷 210 份，回收 190 份，回收率 90.47%。

3. 两种权力感量表的探索性因素分析

根据本研究中两类权力感的理论假设，采用因素分析的方法，结果如表 4.1 所示。对所有的权力感题项固定抽取两个因素，抽取的因素聚合为两类（解释率分别为 23.913 和 20.034，共可以解释 43.947% 的总变异量，KMO 和 Bartlett's Test 结果为 0.870（$p<0.001$），根据题项内容，将完全符合控制感与责任感两类的理论假设分别命名为权力控制感和权力责任感（表 4.1）。

进行量表内部一致性检验，总量表 Cronbach's α 系数为 0.732，控制感分量表 0.707，责任感分量表 0.782，系数均高于 0.7，说明内部一致性较好。

表4.1 两种权力感的因素分析和负载

题 号	题 项	控制感	责任感
1	有权力的人更容易获得个人的成功	0.715	
2	有权力的人总是能找到有用的途径和资源来达成意愿	0.698	
3	有权力的人能使别人聆听他所说的	0.689	
4	有权力的人可以随心所欲，不受约束	0.616	
5	有权力的人喜欢支配操控别人	0.609	
6	有权力的人做事更少考虑社会规范	0.535	
7	有权力的人要接受别人更多的监督和评价		0.748
8	如果工作中出现失误，有权力的人应承担更多的责任甚至惩罚		0.705
9	有权力的人应该谨言慎行，以身作则		0.675
10	有权力的人应该做到社会和集体的利益永远优先于个人利益		0.663
11	有权力的人应该从大局出发，哪怕会牺牲自己的利益		0.653
12	有权力的人应该花时间去关心国家大事，尽管这样做要牺牲某些个人乐趣		0.625
13	有权力的人应努力造福更多的人		0.621
14	有权力的人应该尽可能地帮助别人		0.617
15	有权力的人要考虑自己行为对他人的影响		0.563

4. 控制感分量表的探索性因素分析

继续对权力感、控制感的题项进行因素分析（表4.2）。采用探索性因素分析，将权力控制感维度的各个题项进入因素分析，结果聚合成 2 个因素，每个维度 3 题，共 6 题。命名如下：①"支配控制"，可解释 25.931% 的总变异量；②"自我提升"，可解释 22.734% 的总变异量。共可以解释 48.665% 的总变异量。所有因素的特征值都在 0.6 以上，KMO 号 Bartlett's Test 结果为 0.814，$p<0.001$。

进行量表内部一致性检验，控制感量表 Cronbach's α 系数为 0.745，支配成功维度 Cronbach's α 系数为 0.707，自由不羁维度为 0.713，系数均高于 0.7。

表4.2 权力控制感分量表的因素分析和负载

	题项	支配成功	自由不羁
2	有权力的人总是能找到有用的途径和资源来达成意愿	0.761	
3	有权力的人能使别人聆听他所说的	0.703	
1	有权力的人更容易获得个人的成功	0.693	
4	有权力的人可以随心所欲，不受约束		0.769
5	有权力的人喜欢支配操控别人		0.706
6	有权力的人做事更少考虑社会规范		0.692

5. 责任感分量表的探索性因素分析

对权力责任感的内涵所进行的因素分析，其程序完全同上（表4.3）。权力责任感聚合为 3 个因素，每个维度 3 题，共 9 题。命名如下：①"应做之事"，可解释 22.311% 的总变异量；②"他人关注"，可解释 22.111% 的总变异量；③"后果承担"，可解释 21.759% 的总变异量。三个因素可以解释总变异量的 66.1.1。这三个因素之特征值（eigen value）都在 0.6 以上。KMO 和 Bartlett's Test 结果为 0.823，$p<0.001$，各维度和题项负载如表 4.3。

进行量表内部一致性检验，责任感分量表 Cronbach's α 系数为 0.771，后果约束维度 Cronbach's α 系数为 0.713，应做之事维度为 0.739，关注他人维度为 0.711，系数均高于 0.7。

表4.3 权力责任感分量表的因素分析和负载

		后果约束	应做之事	关注他人
7	有权力的人要接受别人更多的监督和评价	0.831		
8	如果工作中出现失误，有权力的人应承担更多的责任甚至惩罚	0.771		
9	有权力的人应该谨言慎行，以身作则	0.624		
10	有权力的人应该做到社会和集体的利益永远优先于个人利益		0.837	
11	有权力的人应该花时间去关心国家大事，尽管这样做要牺牲某些个人乐趣		0.765	
12	有权力的人应该从大局出发，哪怕会牺牲自己的利益		0.744	
13	有权力的人应努力造福更多的人			0.839
14	有权力的人应该尽可能地帮助别人			0.823
15	有权力的人要考虑自己行为对他人的影响			0.679

4.3.2 实验1b 两种权力感量表的验证性因素分析

为进一步验证两种权力感量表的结构效度，本研究分别构建了权力感二因子模型、控制感分量表二因子模型和责任感分量表的三因子模型。采用验证性因素分析的方法检验权力感问卷的结构效度。

1. 被试

被试共344人，其中男95人，女218人，其中31人缺失性别数据；年龄19~52岁；公务员81名，继续教育教师119名，大学生144名。

2. 权力感两因子模型的验证性因素分析

权力感两因子模型数据拟合指数如表4.4所示，路径图如图4.1所示。

一般认为χ^2/df在1~3之间（$p>0.05$），RMSEA在0.1以下（越小越好），NNFI和CFI在0.9以上（越大越好），SRMRR在0.8以下（越小越好），所拟合的模型是一个可以接受的模型。从表4.4中权力感二因子模型的数据可以看出，按权力感二维拟合的结果虽不是十分理想，CFI值为0.86略小于0.9，SRMRR为0.084，略大于0.08，但其余指标均基本符合要求。

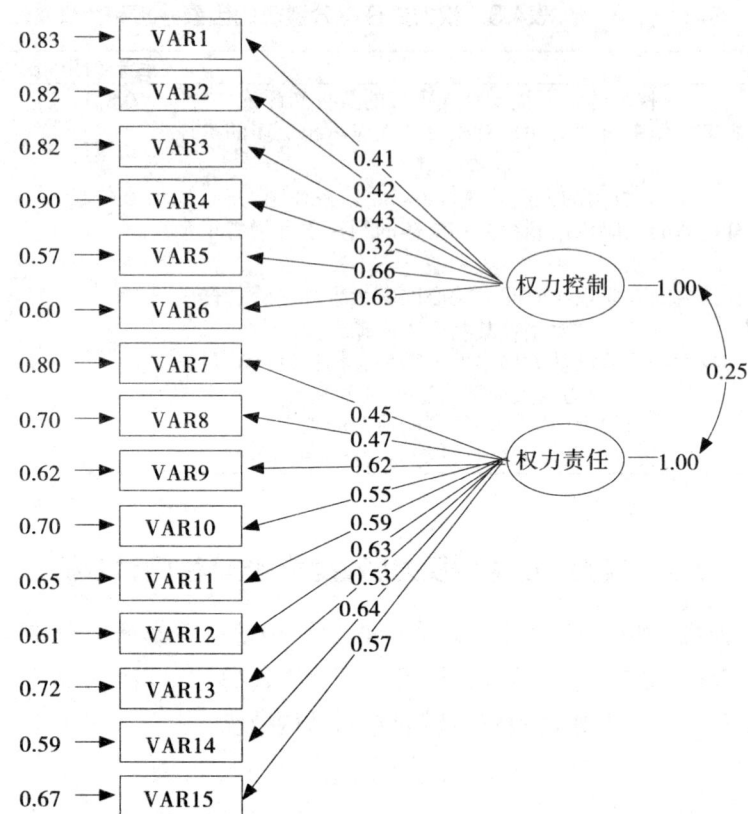

Chi-Square=254.25, df=89, P-value=0.00000, RMSEA=0.099

图 4.1　权力感二因子模型验证

表4.4　权力感、权力控制感、权力责任感各因子模型的拟合指数

	χ^2	df	χ^2/df	RMSEA	NNFI	CFI	SRMRR
权力感二因子模型	254.25	89	2.85	0.099	0.91	0.86	0.084
控制感二因子模型	9.65	8	1.20	0.061	1.00	1.00	0.034
责任感三因子模型	69.98	24	2.91	0.076	0.96	0.97	0.046

3.权力控制感二因子模型的验证性因素分析

权力控制感二因子模型数据拟合指数如表4.4所示，路径图如图4.2所示。根据指标，控制感二因子模型拟合很好。

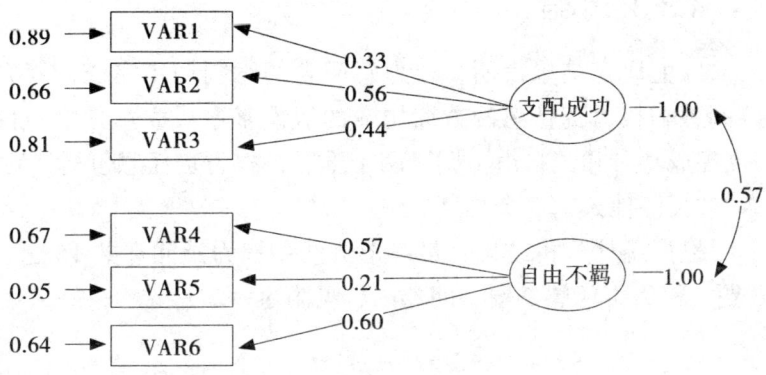

Chi-Square=7.65, df=8, P-value=0.46791, RMSEA=0.000

图 4.2　权力控制感两因子模型分析图

4. 权力责任感两因子模型检验结果

权力责任感三因子模型数据拟合指数如表4.4所示，路径图如图4.3所示。根据指标，责任感三因子模型数据拟合很好。

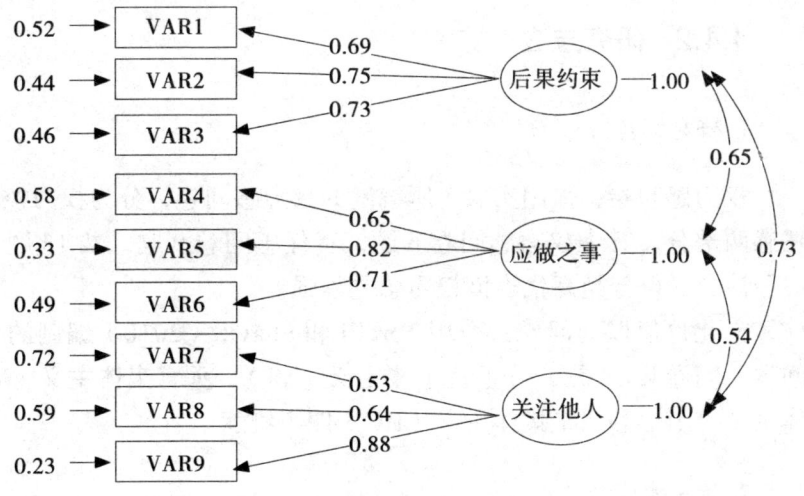

Chi-Square=69.98, df=24, P-value=0.00000, RMSEA=0.076

图 4.3　权力责任感三因子模型分析图

4.3.3 小结

以上研究结果表明,权力感问卷的编制初步完成,权力感的结构由权力控制感和权力责任感两方面构成的假设基本成立。其中,权力控制感又包括"支配成功"和"自由不羁"两个维度,权力责任感包括"后果约束""应做之事""关注他人"三个维度。

根据统计分析结果,最终形成两种权力感问卷共 15 题,其中权力控制感 6 题,权力责任感 9 题,问卷内容见附录一。

4.4 实验 2:权力感量表的效度检验

4.4.1 研究目的

通过采用生态检验(测量和比较不同权力结构下的社会群体的权力感受和差异)和旁证检验(以经典的文化价值取向量表作为旁证效度分析工具测量维度间的关系)的方法验证本研究所开发的权力感量表的有效性。

4.4.2 研究方法

1. 研究工具

权力感问卷:采用实验 1 所编制的权力感问卷,分为权力控制感和权力责任感两部分,其中权力感问卷 6 题,责任感问卷 9 题,共 15 题。从"-3"到"3"计分,得分越高代表该权力感受越强。

文化价值取向问卷:采用 Torelli 和 Shavitt(2010)编制的文化价值取向问卷。问卷共 16 题,分垂直个体主义(VI)、垂直集体主义(VC)、水平个体主义(HI)和水平集体主义(HC)四个维度。

2. 研究被试

被试共 344 人,其中男 95 人,女 218 人,其中 31 人缺失性别数据;年龄 19~52 岁;公务员 81 名,继续教育教师 119 名,大学生 144 名。

4.4.3 研究结果

1. 不同社会群体权力感的差异比较

对不同被试的权力感进行差异检验，统计结果如表 4.5 和表 4.6，表 4.5 为不同职业权力控制感的差异检验结果，表 4.6 为不同职业权力责任感的差异检验结果。

权力控制感的统计结果表明，学生、教师和公务员的权力控制感有显著差异，学生认为的权力控制感得分最低，公务员权力控制感得分最高，教师居中，三者间的两两差异均达到显著（t 值在 0.207 到 1.1.9 之间，p 值在 0.05 到 0.001 之间）。责任感各个量表的得分表明，除了他人责任感外，在责任感的大多数维度上，学生与教师的责任感受基本相等，而公务员的责任感则高于其他两个角色。

表4.5　不同职业权力控制感的差异

	控制感总			支配成功			自由不羁		
	M	SD		M	SD		M	SD	
学生（n=144）	1.91	0.684	1<2*	0.302	0.993	1<2*	0.610	0.814	1<2**
教师（n=119）	1.96	0.651	1<3**	0.689	1.020	1<3**	0.848	0.893	1<3**
公务员（n=81）	2.092	0.742	2<3**	1.431	0.988	2<3**	1.340	0.743	2<3**

注：*p<0.05，**p<0.01，***p<0.001。下同。

表4.6　不同职业权力责任感的差异

	责任感总			应做之事			他人关注			后果约束		
	M	SD		M	SD		M	SD		M	SD	
学生（n=144）	0.456	0.816	1=2	1.84	0.756	1=2	1.95	0.696	1=2	1.94	0.846	1=2
教师（n=119）	0.768	0.865	1<3**	1.84	0.713	1<3**	2.08	0.679	1=3	1.98	0.789	1<3**
公务员（n=81）	1.386	0.763	2=3	2.056	.8356	2<3**	2.013	0.778	2=3	2.208	0.822	2<3**

2. 权力感与文化价值取向的相关

权力感及其分量表与文化价值取向之间的相关检验结果列于表 4.7。根据表 4.7 的统计结果，权力控制感总分与垂直个人主义和垂直集体主义高相关，支配控制维度与垂直个人主义高相关，而自我提升维度与水平个人主义高相关。文化价值取向的水平垂直维度反映的是"自己与团体其他人一不一样"或"自己与其他人平等还是不平等"的问题，个人主义认为个体与他人更不一样，表现出与众不同的特点，因此权力控制感与个人维度的相关度更高。控制感总分虽然与垂直集体主义相关，但是垂直集体主义强调的是对内群体是集体主义，对外群体则强调不平等的区别对待，并强调内群体的优势，因此一定程度上也具有支配控制的意义。权力责任感的所有维度都与水平集体主义高相关，水平集体主义强调重视家庭、他人和组织的平等和谐和团结，强调共同目标和社会性，但不盲从于权威，说明责任感也能够反映出相应的特点。

表4.7 权力感与文化价值取向的相关度

	控制感	支配成功	自由不羁	责任感	应做之事	他人关注	后果约束
水平个人 HI	0.159	0.127	0.280**	−0.125	−0.083	−0.180	−0.096
垂直个人 VI	0.241*	0.220*	0.088	0.155	0.128	0.117	0.160
水平集体 HC	0.063	0.126	−0.011	0.356**	0.356**	0.287**	0.244**
垂直集体 VC	0.214*	−0.020	0.110	0.084	0.115	0.023	0.055

4.5 讨论

本研究通过问卷编制、模型检验和实证检验验证权力感存在控制感与责任感两个方面的假设，并且通过对不同对象的权力感以及文化价值取向测量，验证了不同对象的权力感差异情况以及与文化价值取向之间的相关度。

4.5.1 权力感的构成

以往的研究中，权力感始终被当成单一的维度，将权力感等同于控制感。本研究的访谈过程、题项搜集、问卷分析的结果均证明，权力感分别包括控制感和责任感两个方面。尽管在模型分析时的部分数据并不十分完美，但基本也可以得出两种权力感构成的结论。在访谈过程中，大部分受访者都认可和赞同两种权力感的观点，尤其是在联系到当前社会的现状和现象，国家对权力约束和权力责罚的重视时，更加唤起了受访权力者的责任意识。东方对责任的重视有着悠久的历史渊源和紧迫的现实要求。东方文化强调行为的内敛抑制，强调对后果规范的考虑，权力感受也包含有权力责任的内涵。而西方文化强调的自我、自由会产生更多地支配控制感，甚至是一些"不切实际的控制感"，即使是与责任有关的权力行为也是强调对个人行为不良后果的承担，而非中国文化背景下责任的更广泛的含义。本研究的结论基本验证了权力感具有控制感和责任感两种假设的理论构思和效度，是权力研究的重要补充。

4.5.2 权力感的测量工具

本研究开发与编制的权力感问卷，既是对两种权力感理论结果的检验工具，也是对后续权力研究提供测量工具。权力控制感和责任感总量表的模型拟合结果并不十分完美，但数据勉强可以接受，而总量表的内部一致性信度、分量表的模型指标和信效度指标均十分理想，因此也可以分别独立运用，进行测量。问卷中权力控制感部分的题目主要来源于已有的经过多个研究检验和运用过的成熟的量表，而权力责任感部分主要是根据问卷编制的基本过程编制而成的新的测量工具，需要在今后的实证研究中进行进一步验证。研究者可以将其运用到具体的权力研究情境中，从而更全面地考察权力心理与行为的特点，整合分离的研究结果。

4.5.3 不同社会角色的权力感差异

通过运用自行编制的权力感问卷测量现实社会中的不同社会角色的权力感，发现公务员、教师、学生三者的权力感受存在差异。一般来说，公务员群体是比较典型的权力群体，同时是管理社会事务、服务大众的群体。他们对权力的感受可能更为深刻真实，因此在两种权力感的程度上，均显著高于教师和学生两种社会角色。教师在一定范围内也属于高权力等级的社会角色，如教师对学生就具有高权力，但是其权力等级与权力对象的范围相对于公务员来说更低一些，因此在权力的控制感上存在差异，教师的权力控制感低于公务员而高于学生。学生的权力控制感是三者中最低的，可能是由于现实生活中学生本来就属于低权力等级的对象，因此对权力的控制感受没有那么真实和强烈。在权力的责任感上，三者之间的差异并没有控制感差异那样显著，但是也仍然在公务员与其他两个角色间出现差异，公务员的权力责任感更高，教师和学生则在大多数权力责任感维度上没有太大差异。现实生活中，公务员群体对社会大众的影响面更大，而教师和学生的关系对象中，对责任感的范围和内容基本一致，因此在权力责任感的判断上，两者也没有出现太大差异。同时，教师和学生对权力责任感的评分较低的原因有可能是表述方式或方法操作的问题。本研究题目的表述方式为"有权力的人会感觉……"而非"自己感觉……"，因此可能会产生一定的认识上的角色偏差。而且，责任感本身也是一种比较容易受到社会称许效应影响的社会规范，在判断时可能也会受到一定的影响，而公务员群体是公认的权力角色,因此在判断时可能会有更高的自我卷入而产生公务员群体具有更高责任感的结果。

运用本量表得出的不同角色间权力感受的差异,与现实中的经验结果较为一致,也验证了权力感问卷构念的合理性和测量工具的有效性。

4.5.4 权力感与文化价值取向之间的关系

文化价值取向的水平垂直维度反映的是"自己与团体其他人一不一样?"或"自己与其他人平等还是不平等"的问题。垂直个人主义和垂直集体主义主要是指自己作为个体与其他人的不同还是作为自己所在的内群体与其他群体的不同,其本质都是对他人个体或他人群体的差异区别对待,一般也都是强调自我或自我所在的内群体对他人或外群体的优势支配,因此也具有支配控制的含义,因此权力的控制感总分与这两项高相关。控制感的两个分量表分别于个人主义的两种取向高相关,其中支配控制与垂直个人主义高相关,而自我提升与水平集体主义高相关。权力者个人自我提升可以在不与他人发生联系的情况下发生,因此与水平个人主义高相关。

权力责任感总分和"后果约束""应做之事""关注他人"三个子维度均一致体现出与水平集体主义的高相关,水平集体主义强调重视家庭、他人和组织的平等和谐和团结,强调共同目标和社会性的含义有内在的管理,能够反映出权力责任感的相应特点。

4.6 结论

权力感可以大致分为权力控制感和权力责任感两种,其中权力控制感又包括"支配成功"和"自由不羁"两个维度,权力责任感包括"后果约束""应做之事""关注他人"三个维度。编制的权力感问卷具有良好的信效度指标,可以通过权力感问卷测量个体的权力感。

不同社会群体的两种权力感受存在差异,公务员的两种权力感受均比教师、学生等角色的两种权力感受更强,表现出权力感受的角色差异。

权力的控制感与垂直个体主义文化价值取向高相关,权力责任感与水平集体主义文化价值取向高相关,说明权力感问卷具有良好的效标效度。

The art of being wise is the art of knowing what to overlook.
—— William James

当官之法，唯有三事，曰清，曰慎，曰勤。
——[南宋]吕本中《官箴》

5 研究二 两种权力感对识解水平和分配公平的影响

5.1 研究目的

本研究主要检验控制与责任两种权力感是否是导致分配公平差异的直接原因，以及两种权力感状态下是否存在识解水平的差异。

5.2 研究假设

前面已详细论述，权力会更多地导致不公平、自利等行为，但在一定的条件下也会产生公平、利他等亲社会行为，并且对产生不同行为的影响因素也做了一定的分析。研究一的结果已经表明，权力对象在行使权力时，的确会产生控制感和责任感两种类型的权力感受，其中权力控制感又包括"支配成功"和"自由不羁"两个维度，权力责任感包括"后果约束""应做之事""关注他人"三个维度，但是对两种权力感受与权力行为结果间的关系需要进行进一步的探讨。

结合前文所述的权力行为两种类型，在权力导致消极结果的研究中，有权力的人更多地违背分配公平原则，比其他人拿取更多的公共资源和利益的原因可能是权力者感觉到对资源的控制有更大的自由，他人无法限制与约束。有权力者更容易歧视他人，产生刻板印象和偏见冒犯，也可以反映权力者对他人的支配和控制。这些行为都可能源自权力者在权力情境下所产生的权力控制感（De Cremer and Van Dijk, 2005；Stouten, De Cremer, and Van Dijk, 2005；Itoh, Kikutani, and Hayashida, 2008；Zhong et al., 2006）。而在权力导致积极行为结果的研究中，权力者更加审慎地行使权力，付出更多努力甚至牺牲个人利益，这是作为权力者所应承担的义务，是权力责任感中的应为之事。权力者给予他人更为公平慷慨的分配，具有高人际敏感性，导致刻板印象的减弱，这是因为权力者更为关注权力对象的结果，属于权力责任感中的他人关注。当有被问责或者惩罚的可能时，权力者也会感受到更大的压力，从而遏制权力者的自我膨胀、过度乐观和冒险行为，这是因为权力者担心权力行为后的问责和惩罚，属于权力责任感中的后果承担。Van Dijk 和 Wilke（2000）、De Cremer（2003）研究了权力者在公地困境和公共财物困境两种范式下的不同表现，可以视为两种权力心理效应的反映。作为社会困境研究的范式，公地困境和公共财物困境被认为在结构上是等价的，但两种困境下领导的行为完全不同。在公地困境中，权力者会比成员拿取更多的资源，表现出反社会的倾向，而在公共财物困境中，权力者又会比成员贡献更多的资源，出现更多的亲社会倾向。Anderson，John 和 Keltne（2012）将此解释为权力者的行动目标倾向，而如果用两种权力感来解释结果的分离，似乎更加简单清晰：公地困境拿取的情境激发了权力者的特权感，而公共财物范式中的贡献情境激发了权力者的责任感。

根据前面所述，权力控制感与权力责任感在很多方面具有差异，如权力控制感是权力者自我中心式思维，更关注权力者自身的自我感受、当前利益和个人自由，而权力责任感是社会背景下的思维，更关注他人利益、事件后果和社会规范（Puurtinen and Mappes, 2009）。根据识解水平和心理距离理论，自我与他人、当前与未来、结果导向与规则导向，分别体现心理距离的近和远、识解水平的低和高。那么，启动不同的权力感是否也会导致识解水平的差异，并没有研究进行检验。

然而，以上这些分析都是根据以往研究结论，结合权力感问卷的内容维度所进行的猜测和推论。尽管有关于权力控制（授权）和权力责任（问责）效应的实证研究，但将权力控制感和权力责任感共同作为权力行为的影响原因的研究十分鲜见。本部分研究的实验3即通过操作权力概念化诱发被试不同的权力感，在不同社会关系对象间分配资源，考察被试分配的公平程度，以检验权力感是否是导致两种性质行为结果的原因。同时，在诱发不同权力感条件下进行识解水平的测量，检验两种权力感的识解水平。

本部分的研究假设如下。

假设3a：两种权力感的差异可以导致分配公平的变化，权力的控制感导致更为不公平的分配，而权力的责任感产生更公平的分配。

假设3b：两种权力感会导致识解水平的差异，相对而言，控制感状态下的识解水平低于责任感状态下的识解水平。

5.3 实验3：权力感对分配公平和识解水平的影响

5.3.1 被试

大学生83人，男32，女35，16人性别不详。

5.3.2 实验设计和程序

采用单因素被试间实验设计，以两种权力概念化操作（控制/责任）为启动方式，以概念化启动后两种权力感问卷测量的得分作为自变量，以分配公平和识解水平为因变量，检验两种权力感对分配公平行为和识解水平的影响。

1. 变量操作

权力感启动的操作：Smith和Trope（2006）采用词汇造句启动任务，要求被试用列出的与高权力有关的词（权威、队长、命令、控制、支配、执行、影响、特权）或与低权力有关的词（服从、门警、遵照、被动、仆人、服从、下属、屈服）造一个语法正确的句子，以启动被试的高权力感或低权力感。Zhong等（2006）在权力概念化研究中用权力自由词（机会，挑战，反抗，移动，开始）与权力约束词（抑制、约束、停留、终止）为材料考察权力概念化对行为的影响。本研究参照Smith等（2006）和Zhong等（2006）的方法和材料，要求被试用给定的与权力控制感（自我提升、支配感、自信、控制、获得、应得、回报）和权力责任感（自我约束、责任感、自省、限制、克制、依存、付出）有关的7个词汇以权力者身份完成一篇60字以内的短文。

权力感的测量：采用研究一编制的两种权力感问卷，共15题，分为控制感和责任感两个问卷。由于需要测量的是由实验情境引起的被试自己的权力感而非评价他人或者一般权力者的感受，因此在实际测量时，题项的表述方式由原问卷的"有权力的人感觉…"改为"我感到…"。

识解水平测试：采用 Vallacher 和 Wegner（1989）编制的行为识别问卷（the Behavior Identification Form，BIF）与 Smith 和 Trope（2006）的词汇范畴判断任务范式。行为识别问卷是检验识解水平常用的依据，共包括 25 个题目，每个题项列举的是一些行为事件，分别对应高水平和低水平两种不同识解的解读，如"投票"可以被解读为"影响选举结果"（高识解）或"在选票上画圈"（低识解）。词汇代表性判断任务采用 Smith 和 Trope（2006）的任务范式，完成对某类事物的非典型实例（如钱袋、大蒜）多大程度上是某个指定类别（如服装、蔬菜）的代表。一般来说，抽象程度越高，识解水平越高，类别包含范畴就会越大，认为非典型实例越能够代表所在类别。本研究即要求被试对 6 个非典型实例所属的类别做样例代表性的判断，识解水平越高认为代表性越强，对事物范围的判断越大。

分配公平的测量：采用调整后的公共牧场范式。要求被试以牧场管理者的身份对公共草场在两个成员间进行分配。将分配结果数量的差值作为分配平均程度的指标。

具体实验材料见附录三、四、五。

2. 实验程序

被试到达实验室后被随机分配到权力控制感或责任感启动两种实验条件下，阅读完背景资料后扮演模拟情境中的管理者角色，完成权力感启动任务，然后进行权力感测量和识解水平测量任务，最后完成模拟的资源分配任务。

5.3.3 结果

1. 权力感的操作检验

表5.1 两种启动条件下的权力感的差异检验

启动	控制感				责任感				权力体验			
	M	SD	t	Sig	M	SD	t	Sig	M	SD	t	Sig
控制启动（n=41）	3.609	0.666	2.948	0.04	3.365	0.858	−3.552	0.001	3.341	0.761	0.688	0.495
责任启动（n=42）	3.071	0.972			4.071 4	0.947			3.190	1.194		

检验词汇启动的方式操作权力感是否有效。短文完成后要求被试立即对权力心理感受的三个问题给予评分（从1完全不赞同到7完全赞同）："我觉得我拥有权力""我觉得我有很强的控制感""我觉得我有很高的责任感"。检验中去除掉权力感描述与启动条件不一致的被试6人（如在责任感启动的条件下，尽管用到了权力责任词，但是表达的是不负责任的含义）。进行独立样本 t 检验，结果如表5.1所示。结果表明，责任启动组的权力责任感得分显著高于控制启动组的责任感得分（$M_{责任}$ = 4.071 4，SD = 0.947 和 $M_{控制}$ = 3.365，SD = 0.858），$t(41, 42) = -3.552$，$p = 0.001$；而控制感得分显著低于控制启动组（$M_{责任}$ = 3.071，SD = 0.972 和 $M_{控制}$ = 3.609，SD = 0.666），$t = 2.948$，$p < 0.05$；两种条件唤起的总的权力体验程度是相同的（$M_{责任}$ = 3.190，SD = 1.194 和 $M_{控制}$ = 3.341，SD = 0.761），$t = 0.688$。

2. 两种权力感对分配公平的影响

权力感与分配公平均为连续变量，对变量经过中心化处理后，采用回归分析的方法进行检验。权力控制感与权力责任感作为自变量进入回归方程，分配公平程度作为因变量，检验结果如表5.2所示。模型解释量显著（$R^2=0.157$，$\Delta R^2=0.120$，$\Delta F=4.132$，$Sig\Delta F=0.021$），两种权力感的回归系数 $\beta_{控制}=0.300$，$t=2.334$，$p<0.05$；$\beta_{责任} =-0.248$，$t=-1.977$，$p<0.05$。两种权力感的预测系数分别为一正一负，说明两者对公平行为的影响作用是相反的，权力责任感增加分配公平，而权力控制感降低分配公平。

表5.2　两种权力感对分配公平的回归分析

变量	分配公平程度						
	β	t	Sig	R^2	ΔR^2	ΔF	$Sig\Delta F$
控制感	0.300	2.334	0.023	0.157	0.120	4.132	0.021
责任感	−0.248	−1.977	0.053				

3. 两种权力感状态下的识解水平差异

采用独立样本 t 检验的方法检验两种权力感启动的条件下，词汇范畴判断任务和行为识别问卷得分的差异（表5.3）。结果表明，两种权力感条件下的识解水平均出现了差异，权力责任感启动下的识解水平高于权力控制感条件下的误解水平。

表5.3　两种权力感启动的识解水平检验

权力感启动	词汇范畴判断任务				行为识别问卷 BIF 得分			
	M	SD	t	Sig	M	SD	t	Sig
控制感（$n=41$）	3.711	1.216	5.764	0.000	1.658	0.197	2.174	0.033
责任感（$n=41$）	5.654	1.783			1.759	0.219		

5.4　讨论

本研究通过操作权力概念化的方法诱发被试不同的权力感并测量在不同权力启动条件下的识解水平，以检验被试在不同对象间资源分配的公平程度和识解水平的差异。研究结果表明，不同权力感条件下存在分配公平的差异，权力责任感能够正向预测分配公平，而权力控制感能够负向预测分配公平，并且不同权力启动内容导致了不同的识解水平。相对而言，控制启动诱发了低水平识解，而责任启动诱发了高水平识解。

5.4.1　两种权力感影响分配公平行为

作为一种主观心理体验，权力感在一切客观权力的影响中起中介作用，是决定行为的直接因素（Schmid Mast, 2010；Anderson and Berdahl, 2002）。本研究的结果表明，作为伴随权力产生的两种不同的权力感受，一种权力感会导致更为公平的行为结果，而另一种权力感会导致更为不公平的行为结果，这与Jan Hofer等（2010）总结的权力会导致自利与亲社会两类行为结果的观点相一致，但他们并没有详尽地分析导致两类行为结果的原因和机制，而本研究的结论在解释差异行为的机制上更为深入一些。一般说来，主观心理感受往往是离行为最近的部分，权力感直接决定权力行为。而这两种不同的权力感导致公平分配差异的结果，有助于解释以往研究中产生的权力行为的很多分离、矛盾的结果。例如，权力的趋近抑制理论认为权力会降低个体自我管理能力；表现出去抑制化，而权力的社会距离理论认为权力会提高个体的自我控制。导致这两种矛盾的结果可能就是由于权力控制感和权力责任感的差异：如果情境或条件引起的是权力控制感，则会表现出去抑制化；如果唤起的是责任感，则会表现出自控力。又如，权力的趋近抑制理论认为高权力者会受到刻板印象的影响，而情境聚焦理论和社会距离理论认为权力者有时会刻板化，有时会更为个体化地对待他人，而决定刻板化还是个体化的因素，也与权力控制感和责任感的差异有关。

Ericx（2008）等的研究认为，体验到的被授权感可以解释某些权力者违背平等分享原则的行为。一些研究也证明为权力感到骄傲的被试做出更多自我服务的、满足个人利益的决策和较少的符合社会责任目标的决策，而且会对外群体成员有更高的歧视和敌意，为权力感到被尊敬的被试则相反。本研究的结论有助于解释权力研究领域中这些分离的研究结果。结合文献综述的内容，导致权力积极行为结果的心理变量都与责任感中的某些含义有关联，如问责、他人取向（社会价值取向）、惩罚等会提高亲社会行为，而导致消极行为的都与控制感有一定关联，如刻板化他人、个人优越感等会导致对他人更不公，提高自利行为。两种权力感导致不同行为结果的研究结论在现实生活中也有重要的应用价值，在权力与公平的关系上，如果能够强调或诱发权力的责任感，则可能得到更为公平的亲社会的结果，有助于抑制腐败。

5.4.2 两种权力启动导致的识解水平差异

Trope等（2006）的识解水平理论认为，人们对事物的选择和评价取决于人们对事物的表征，对事物的心理表征具有层次性。高水平识解是指抽象的、整体的、和目标相关的、独立于情境的特征，而低水平识解指具体的、细节的、和目标无关的、依赖于情境的特征。高权力被认为与更抽象的思考模式相联系，导致更抽象的信息加工过程。然而，这些研究都是将权力视为一个整体概念，没有进行类型的区分。而Fiske和Berdahl（2007）、Galinsky等（2008）、Lammers等（2009）的研究表明，权力类型会影响权力感受与行为。

以往研究都是将权力（感）作为一个整体来看待，并认为权力会带来更高的识解水平。但是，本研究关于两种类型权力感的发现证明，两种权力启动的方式带来了识解水平的差异，权力责任感启动条件下导致了更高的识解水平。陈海贤、何贵兵（2011）认为，识解水平是一种思维定式，权力感识解水平的差异也反映出权力者思维方式的差异。一般说来，高识解水平代表更为抽象的整体性思维，而低识解水平代表更为具体的分析性思维。结合权力责任感和控制感的具体内容，控制感更与自我优势、支配他人有关，是一种以自我为中心的思维方式，心理距离更近；而责任感更为关注事件后果和他人结果，是以他人或远期结果为关注点的，心理距离更远。根据识解水平理论，心理距离越远的越被表征为抽象，识解水平越高，因此权力控制感与权力责任感在一定意义上也可以说具有心理距离远近的特点，权力控制感的心理距离更近，而责任感的心理距离更远。

人们一般认为心理距离近的事物具有更高的可得性，因此在行为反应上，权力会更多地、更容易地被表征为权力控制感，才会有大多数研究将权力感等同于控制感的结果。权力责任感虽然可能具有较远的心理距离（相对于权力控制感来说），但也是权力的基本特征，是权力感的基本组成部分。Zhong 等（2006）等对权力与文化价值观念的探讨可以反映权力观念识解水平的差异。他认为，东方文化背景下人们更多地考虑社会背景信息，权力会使东方人更看重社会约束和行为的影响，即更倾向于权力责任的概念，西方文化背景强调个体的自由和独立，权力会使西方人更不关注社会约束和他人结果而出现更多的独断行为，更倾向于权力控制的概念（图5.1）。如果结合东西方文化下思维习惯的差异，东方更习惯于整体性思维而西方习惯于分析型思维；东方考虑社会约束和他人的思维具有更为整体、抽象的高识解水平，而西方考虑个体自由独断的思维具有更为细节、具体的低识解水平。权力责任是心理距离更远、更具他人导向的、更具目的性、更抽象的、与社会规范有关的概念建构，识解水平更高，而权力控制是心理距离更近、更具自我导向、更具情境性、更具体的、与个体利益有关的概念建构，识解水平较低。

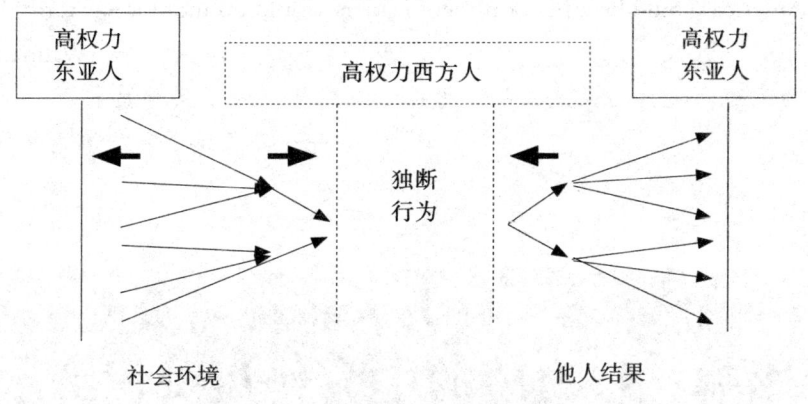

图 5.1 权力对东西方人行为的影响

5.4.3 后续试验的预实验检验

本研究的结果还为后续研究中变量的操作做了预实验的检验。本研究结果证明，权力感与分配公平的操作都是有效的，权力感与分配公平间也存在着显著的影响作用，这说明了实验材料的有效性，可以在后续研究中采用本研究中的方法操作变量，检验变量间的关系。关于权力感与识解水平的关系的结果也表明，识解水平的两种测量方式都可以反映出权力感与识解水平的关系，但是由于词汇范畴判断任务相对于行为识别任务来说，方法更为内隐，受社会称许的影响较小，而且任务简单、用时较少，但敏感程度高，因此在后续研究中，将仅采用词汇范畴判断任务来作为识解水平的检验和操作方法。

5.5 结论

两种权力感对分配公平的影响具有不同的效应，权力责任感导致更公平的分配，权力控制感降低分配的公平性。

两种权力启动会导致识解水平的差异，其中权力责任感启动条件下的识解水平高于权力控制感条件下的识解水平。

America would be a better place if leaders would do more long-term thinking.
——Wilma Mankiller

为天地立心，为生民立命，为往圣继绝学，为万世开太平。
——宋张载《宋元学案·横渠学案》

6 研究三 权力人特征对分配公平的影响：权力感的中介作用及识解水平的调节作用

6.1 研究目的

本研究主要考察在权力人特征影响分配公平的关系中，两种权力感与识解水平所起的作用。

6.2 研究假设

权力倾向常常被视为一种稳定的个体特征，权力者自身的因素会带来权力感受和权力行为结果的差异。许多研究表明，具有某些特定人格特质的人更倾向于追寻权力，在行使权力时这些特质也会导致公平行为的变化。研究一与研究二的结果表明，拥有权力会产生两种不同的权力感受，即使具有同等程度的权力体验，也会有两种权力感受的差异，进而导致公平行为的变化（研究二的结论）。那么在权力人个体特质导致公平行为变化的过程中，两种权力感是否也起到了中介的作用？研究二的结果还证明，两种权力感受存在识解水平的差异。识解水平的相关研究大多得出相似结论，即识解水平与行为间存在双向的影响作用，某些行为会产生（具有）不同的识解水平，同时通过改变识解水平可以反过来影响行为（孙晓玲、张云、吴明证，2007；王霞、于春玲、刘成斌，2012；黄俊、李晔、张宏伟，2015；Smith, Wigboldus, and Dijksterhuis, 2008；Wakslak et al., 2006；Henderson, 2013；Bar-Anan, Liberman, and Trope, 2006；Smith and Trope, 2006）。那么在权力运用过程中，如果改变权力者的识解水平和思维定式，是否也会影响公平行为？

6.2.1 社会支配取向与社会价值取向

社会支配取向（SDO）是个体对社会群体间和个体间的不平等的偏好程度。众多研究表明，个体的社会支配取向与权力运用、公平密切相关（张智勇、袁慧娟，2006；Altemeyer, 1998；Duckitt et al., 2002），是在众多人格因素中对不平等（偏见）解释力最强的变量（李琼、郭永玉，2008），一般采用问卷形式进行测量（Li et al., 2006；李琼，2008）。高社会支配取向更加渴望拥有和使用权力，更多支配、更少关心他人（Lippa and Arad, 1999；Duckitt, 2006），有着竞争的、为权力而斗争的世界观，其目标是优越、支配或比他人拥有更高的权力，偏好加大群体或人际间的不平等（Maner and Mead, 2010）。

社会价值取向是指个体在给自己和他人之间分配有价值的物品时，对自己和他人结果分配的特定偏好（吴宝沛、寇彧，2008；Kelley and Thibaut, 1978；Rusbult and van Lange, 1996），是一种相对稳定的人格倾向，一般分为亲自我取向（proself orientation，由个人取向和竞争取向合并而成）和亲社会取向（proso-cial orientation 由合作取向和利他取向合并而成）（刘长江、郝芳，2011）。社会价值取向是社会困境研究中最受关注的个体差异变量，在权力启动情境下，具有高亲社会价值取向的权力者相对来说会做出更为公平的、利他的分配，尽量缩小与别人的差距，甚至在能够最大化群体利益的情况下依然偏好平均的、公平的分配（Utz et al., 2004）。亲自我价值取向的权力者倾向于选择竞争（Kelley and Stahelski, 1970；Dreu and Boles, 1998），做出更多不平均的、自利的、加大差距的分配（Steinel, Ut, and Koning, 2010；Kimmerle and Wodzicki, 2011），更偏好违背公平。DeCremer, and Van Lange（2001）研究发现，亲社会者比亲自我者更能感到对群体的利益负责任，更关注劣势的个体或群体，并表现出高的同情水平（Van Lange, 2008）。当资源几近耗竭时，亲社会者比亲自我者表现出更高程度的自我约束（Brucks and Van Lange, 2007）。这些关注他人、自我约束、关注群体利益的表现，都与权力责任感的内容十分相近。亲自我者追求个体利益最大化，加大了自我与他人结果的差异，是权力控制感中关注个人利益和优势的表现。因此，权力感也可能在社会价值取向与公平行为之间的关系起中介作用。

社会支配取向和社会价值取向已被证明是与权力和权力行为有关的稳定的人格特质变量（李琼、郭永玉，2008），而权力感常作为权力行为的中介变量。可以推测，两种权力感在权力人格特质影响权力行为结果的过程中，也会起到不同的作用。

6.2.2 识解水平的影响

研究二已表明，两种权力感启动会产生识解水平的差异，而以往研究表明，识解水平对思维方式和行为决策的影响一般都具有双向性的特点（孙晓玲、张云、吴明证，2007；王霞、于春玲、刘成斌，2012；黄俊、李晔、张宏伟，2015；Smith, Wigboldus, and Dijksterhuis, 2008；Wakslak et al., 2006；Henderson, 2013；Bar-Anan, Liberman, and Trope, 2006；Smith and Trope, 2006）。一方面，人们用高水平的识解表征心理距离远的、抽象的、他人的事物，用低水平的识解表征心理距离近的、具体的、自我的事物。另一方面，不同识解水平也会影响人们对事物的判断和行为的决策。如果启动被试的识解水平，那么即使是与决策任务完全无关的任务，所启动的识解水平依然会影响被试的决策。当被试把注意力集中于活动的抽象特征时，会做出更长远、更基于事物价值（value）的判断（Liberman et al., 2007；Liberman and Förster, 2009），而以尽量具体的方式想象一件事情则会做出更近的、更基于事物可行性（feasibility）的判断（Sherman et al., 1983）。Wakslak 和 Trope（2009）在研究中，分别用产生抽象范畴或具体例子（如"老虎是一种____？"或"____是动物的一种？"）、聚焦行为目标（Why）或途径（How）、加工整体视觉材料或局部视觉材料等方法作为启动识解水平的任务，发现由识解水平启动的加工定势使被试倾向于以较抽象或较具体的方式对决策任务进行表征与加工（Freitas, Gollwitzer, and Trope, 2004；Wakslak and Trope, 2009）。研究二表明，两种权力感存在识解水平的差异，那么从理论上说，如果直接操作识解水平加工定势，同样也可能影响权力感，进而影响分配公平。

6.2.3 研究问题与研究假设

基于以上分析，本部分研究即关注权力感与识解水平在权力人主体特征与公平行为之间的关系与影响作用。实验 4 测量被试的社会支配倾向，实验 5 测量被试的社会价值取向。测量后，操作被试的识解水平启动，检验社会支配倾向、社会价值取向与分配公平间的关系是否会受到识解水平启动的调节作用。同时，检验两种权力感是否会在社会支配倾向、社会价值取向在分配公平上起中介作用。

本部分的研究假设如下：

假设 4a：社会支配取向 SDO 影响分配公平，权力感会在这个效应中起中介作用。SDO 越高，权力控制感越高，权力责任感越低，分配越不公平；SDO 越低，权力控制感越低，权力责任感越高，分配越公平。

假设 4b：识解水平调节了 SDO 与分配公平的关系，高识解条件下，降低分配不公平，低识解时，提高分配不公平。

假设 5a：社会价值取向影响分配公平，亲自我取向权力控制感更高，分配越不公平；亲社会取向的权力责任感越高，分配越公平。

假设 5b：识解水平可以调节社会价值取向与分配公平的关系。提高识解水平增加权力责任感，促进公平行为，降低识解水平，减少权力责任感，增加控制感，降低公平行为。

6.3 实验 4：社会支配取向对分配公平的影响：权力感的中介作用和识解水平的调节作用

6.3.1 被试

大学生 134 人。男 29 人，女 86 人，19 人性别不详；年龄 17 到 24 岁。

6.3.2 实验设计和程序

采用以社会支配取向为自变量，识解水平（高/低）为调节变量的被试间实验设计，以两种权力感为中介变量、分配公平程度为因变量，考察在社会支配取向与分配公平间，两种权力感与识解水平的作用。

1. 变量操作

社会支配取向 SDO 测量：采用 Li 等（2006）编制的适合中国文化背景的 SDO 问卷（李琼，2008；张智勇、袁慧娟，2006），该问卷共 19 题，包括"反对群体平等""赞同优势群体的支配性""赞同支配群体的排他性"三个维度。实验材料见附录六。

识解水平操作：识解水平理论认为，"为什么"的问题与行为目标相联系，是高水平的识解。而"怎么做"的问题和行为的具体情境相联系，是低水平识解。因此，当被试把注意力集中于"为什么"的问题时，会激发高识解水平的思维定式，而当把注意力集中于"怎么做"的时候，会激发低识解水平的思维定式（Freitas et al.，2004）。这种方式被广泛运用于识解启动研究，本研究即以 Freitaset 等（2004）、陈海贤（2011）采用的方法，用连续思考"怎么做"或"为什么"来启动被试不同的识解水平思维定式，并以研究二的词汇代表性的范围判断的方法作为识解水平启动的操作检验指标。实验材料见附录七。

权力感问卷：同研究二。

分配公平操作：同研究二。

2. 实验程序

采用问卷形式，在课堂上完成。被试首先完成 SDO 测试，然后阅读背景材料，扮演公共牧场领导者角色，以进行领导力思维训练为理由进行识解水平的操作和检验（问卷已按高/低识解启动分半），接着完成资源分配任务，最后进行权力感的测量。

6.3.3 结果

1. 识解水平的操作检验

采用独立样本 t 检验，以识解水平启动为自变量，检验被试对词汇类别判定任务的差异。统计结果表明，高识解启动组的词汇类别代表性得分显著高于低识解启动组的得分（$M_{高识解} = 6.001, SD = 1.550, M_{低识解} = 5.459, SD = 1.349$），$t(63, 59) = 2.079, p = 0.04$，说明对识解水平的操作是有效的。由于词汇类别代表性得分也可以代表识解水平的高低，并且是变量性质为连续变量，适合进行模型统计分析，因此在后续的统计分析中，也会以词汇类别代表性判断的得分作为识解水平在连续变量上的操作，进行进一步的统计分析。

2. 权力感的中介作用分析

各变量的描述性统计分析和相关分析如表 6.1 所示。

表6.1 各变量的描述性统计分析和相关分析（*n*=124）

	M	*SD*	分配公平	*SDO*	识解水平	控制感
分配公平	109.6	128.4				
SDO	11.45	3.840	0.311**			
识解水平	4.865	1.226	−0.1.1.	0.182*		
控制感	9.098	1.312	0.205*	0.413**	−0.197*	
责任感	17.38	2.201	−0.229*	−0.384**	0.203*	0.210*

采用分层逐步回归的方法，检验权力感的中介作用。

根据 Baron 和 Kenny（1986）三步检验中介效应的建议：①自变量水平的变异可以清楚地解释中介变量的变异；②自变量可以显著影响因变量；③做因变量对自变量和中介变量的回归方程，如果自变量的系数是不显著的，那么该中介效应是完全中介；如果自变量的系数是显著的，则中介效应属于部分中介（段锦云、黄彩云，2013）。

根据模型一和模型二的统计结果，社会支配取向对分配公平的回归是显著的（$\beta=0.267$，$p<0.005$），社会支配取向对控制感的回归系数是显著的（$\beta=0.202$，$p<0.05$），但是对责任感的回归系数不显著（$\beta=-0.160$，$p=0.078$），说明社会支配取向对权力控制感具有影响作用而对权力责任感没有影响作用。继续检验中介效应，模型三表明，控制感对分配公平有影响（$\beta=0.211$，$p<0.05$）而责任感影响不显著（$\beta=-0.152$，$p>0.05$），而且与模型一相比，社会支配取向的系数有所降低但依然显著（p 值从 0.03 降低至 0.02），说明权力控制感具有中介效应，且为部分中介，而责任感没有中介效应（表6.2）。

表6.2 层级回归分析：两种权力感对SDO与分配公平中介效应检验

	自变量	因变量	β	t	*Sig*	R^2	ΔR^2	ΔF	$Sig \Delta F$
模型一	SDO	分配公平	0.267	3.063	0.003	0.071	0.071	9.379	0.003
模型二	SDO	控制感	0.202	2.259	0.026	0.041	0.041	5.103	0.026
	SDO	责任感	−0.160	−1.778	0.078	0.026	0.026	3.162	0.078
模型三	SDO	分配公平	0.208	2.359	0.020	0.146	0.048	3.309	0.040
	控制感		0.211	2.304	0.023				
	责任感		−0.152	−1.687	0.094				

3. 识解水平的调节作用分析

在此模型中，识解水平调节社会支配倾向与权力感之间的关系，即调节效应是通过中介变量起作用的。根据温忠麟、张雷和侯杰泰（2006）总结的检验"被中介的调节（mediated moderation）"程序来检验权力距离倾向的作用，即①做 Y 对 X、U 和 UX 的回归，UX 的系数显著；②做 W 对 X、U 和 UX 的回归，UX 的系数显著；③做 Y 对 X、U、UX 和 W 的回归，W 的系数显著。第三步中如果 UX 的系数不显著，则 U 的调节调节效应完全通过中介变量 W 而起作用。其中，X 为自变量，Y 为因变量，U 为调节变量，W 为中介变量，UX 为交互作用项。

根据表6.3的统计结果可以看到两种权力感对分配公平、识解水平与交互项的回归，其中社会支配取向与识解水平的交互项对权力控制感的影响是显著的（$\beta=-1.762$，$p<0.05$），但是对权力责任感的影响不显著（$\beta=-1.153$，$p>0.05$）（见模型一、二），说明识解水平调节社会支配取向与权力控制感之间的关系。模型三显示了交互作用项对主效应的调节作用基本上是显著的（$\beta=1.441$，$p=0.05$）。至此，"有中介的调节效应"检验步骤完成第二步。加入两个中介变量后中介变量的系数均是显著的（权力控制感：$\beta=0.205$，$p<0.05$；权力责任感：$\beta=-0.175$，$p=0.053$），对应的交互作用项系数仍为显著（$\beta=1.521$，$p<0.05$，见模型四），说明识解水平对社会支配倾向与分配公平的调节作用是部分地通过权力责任感和权力控制感发生的。

表6.3 识解水平的调节作用分析

变量	控制感			责任感			分配公平					
	模型一			模型二			模型三			模型四		
	β	t	Sig	β	t	Sig	β	t	Sig	β	t	Sig
SDO	1.338	3.228	0.002	0.808	1.827	0.070	0.267	3.063	0.003	−0.572	−1.351	0.179
识解水平	1.570	2.532	0.013	1.088	1.644	0.103	−1.379	−2.178	0.031	−1.494	−2.367	0.020
交互项	−1.762	−2.421	0.017	−1.153	−1.485	0.140	1.441	1.939	0.055	1.521	2.057	0.042
控制感										0.205	2.270	0.025
责任感										−0.175	−1.951	0.053
R^2	0.172			0.056			0.127			0.176		
ΔR^2	0.041			0.018			0.028			0.051		
ΔF	5.862			2.205			3.805			3.609		
$Sig\Delta F$	0.017			0.140			0.051			0.030		

交互项 =SDO × 识解

根据表6.2和表6.3的统计结果，可以绘制变量关系图如图6.1所示。

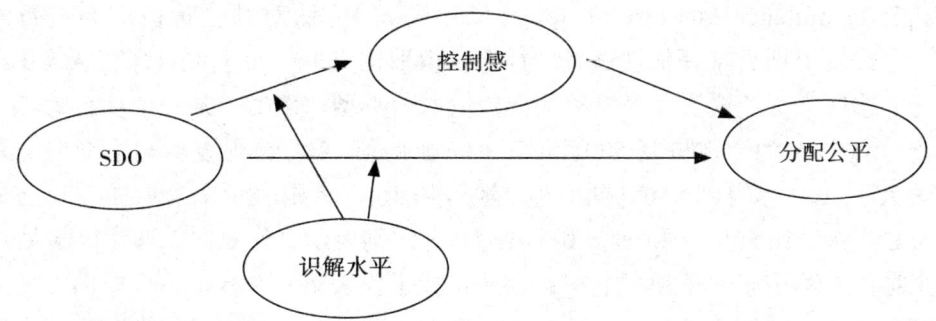

图 6.1 权力感与识解水平在社会支配取向与分配公平间的影响机制

根据变量关系图，社会支配取向 SDO 可以直接影响分配公平，同时可以通过权力控制感的作用影响分配公平，但与权力的责任感无关。而识解水平的调节作用表现在许多环节：调节社会支配取向与控制感的关系，调节社会支配取向与分配公平的关系，并且可以直接影响权力的控制感。

社会支配取向的定义主要强调作为优势方的个体对他人或其他群体的支配，其含义本身就与权力控制感的含义更为接近而与权力责任感的含义关联不大。因此，社会支配取向并没有与权力责任感产生联系，而是仅通过权力控制感影响分配公平。识解水平的调节作用显著，表明作为一种思维定式，改变识解水平的操作可以影响权力行为和权力感，可以作为控制和改变权力行为的方法和手段。

6.4 实验5：社会价值取向对分配公平的影响：权力感的中介作用和识解水平的调节作用

6.4.1 被试

大学生129人，男12人，女97人，20人性别不详；年龄18到24岁。

6.4.2 实验设计和程序

1. 变量操作与测量

社会价值取向：Van Lange，Otten 等（1997）采用社会价值的三优势测量

（Triple-Dominance Measure of Social Values）的方法对社会价值取向进行测量，通过九个项目来评估被试者的社会价值取向类型，每个项目都有 A、B 和 C 三个选项，每个选项代表一种社会价值取向类型。例如，某一个项目的三个选项，其中 A 为"你得到 500，同时他/她得到 100"，则表示竞争取向（差值最大）；B "你得到 550，同时他/她得到 300"，则表示个人取向（自己最大）；C "你得到 500，同时他/她得到 500"，则表示合作取向（两人和最大）。如果被试在不少于六个项目上都一致地选择了代表某一种社会价值取向类型的选项，则该被试被确定为该种社会价值取向。研究中一般将竞争取向和个人取向作为亲个体取向，将合作取向作为亲社会取向（王沛、陈莉，2011）。但是，该方法是以类别变量定义社会价值取向的，无法看出类型之间的连续性关系，因此本研究将被试选择亲社会选项的数量与选择亲个体选项的数量比值作为社会价值取向的连续性指标，数值越高表明越倾向于亲社会取向，越低表明越倾向于亲个体取向。实验材料见附录八。

识解水平、权力感、分配公平等变量的设计同研究实验 4。

2. 实验程序

同实验 4。

6.4.3 结果

1. 各变量的描述统计结果和相关分析

各变量的描述统计结果和相关分析如表 6.4 所示。

表6.4　各变量的描述统计结果和相关分析（n=124）

	M	SD	分配公平	社会价值取向	识解程度	控制感
分配公平	110.1	127.4				
社会价值取向	1.067	0.198	−0.206*			
识解程度	4.904	1.247	−0.1.1.	0.190*		
控制感	9.202	1.347	0.185*	−0.291**	0.205*	
责任感	16.88	2.1.1	−0.194*	0.203*	0.197*	0.121

2. 权力感的中介作用分析

统计程序同实验 4 中中介效应的分析过程，结果如表 6.5 所示。

表6.5 权力感的中介效应分析

	自变量	因变量	β	t	Sig	R^2	ΔR^2	ΔF	$Sig\Delta F$
模型一	社会价值取向	分配公平	-0.219	-2.564	0.012	0.044	0.044	5.739	0.018
模型二	社会价值取向	控制感	-0.239	2.753	0.007	0.057	0.057	7.579	0.007
	社会价值取向	责任感	0.170	1.924	0.057	0.029	0.029	3.700	0.057
模型三	社会价值取向	分配公平	-0.210	-2.396	0.018	0.106	0.063	4.305	0.016
	控制感		0.208	2.421	0.017				
	责任感		-0.167	-1.940	0.055				

从模型一和模型二的统计结果,社会价值取向对分配公平的回归系数是显著的($\beta=-0.219$,$p<0.05$),社会价值取向对控制感和责任感的回归系数是显著或边缘显著的($\beta_{控制}=0.239$,$p<0.05$;$\beta_{责任}=0.170$,$p=0.057$),说明社会价值取向对权力控制感和控制感都具有一定的影响作用。继续检验中介效应,模型三表明,控制感对分配公平有影响($\beta=0.208$,$p<0.05$),而责任感影响边缘显著($\beta=-0.167$,$p=0.055$),与模型一相比,社会价值取向的系数值虽然由模型一的0.219下降为0.210但影响效应依然显著(模型一p值0.012,模型三为0.018),说明两种权力感具有中介效应,且为部分中介。

3. 识解水平的调节作用检验

识解水平的调节作用分析如表6.6所示。

表6.6 识解水平的调节作用分析

变量	控制感 模型一			责任感 模型二			分配公平 模型三			模型四		
	β	t	Sig	β	t	Sig	β	t	Sig	β	t	Sig
社会价值	-0.440	-2.284	0.024	0.482	2.539	0.012	-0.196	-2.258	0.026	-0.200	-2.361	0.020
识解水平	-0.202	-1.1.3	0.272	0.395	2.048	0.043	-0.448	-2.422	0.017	0.710	1.085	0.280
交互项	0.368	2.002	0.048	-0.215	-2.381	0.019	0.366	1.985	0.049	-0.054	-1.351	0.179
控制感										0.710	1.939	0.055
责任感										-0.182	-2.133	0.035
R^2	0.072			0.069			0.088			0.146		
ΔR^2	0.072			0.061			0.029			0.058		
ΔF	3.170			3.978			3.941			4.085		
$Sig\Delta F$	0.027			0.021			0.049			0.019		

注:交互项=社会价值取向×识解水平

从表 6.6 的统计结果可以看到两种权力感对分配公平、识解水平与交互项的回归系数，其中社会价值取向与识解水平的交互项对权力控制感和权力责任感的影响是显著的（$\beta_{控制}=0.368$，$p<0.05$；$\beta_{责任}=-0.215$，$p<0.05$）（见模型一、二），说明识解水平调节社会价值取向与权力感之间的关系。模型三显示了交互作用项对主效应的调节作用基本上是显著的（$\beta=0.366$，$p<0.05$）。至此，"有中介的调节效应"检验步骤完成第二步。加入两个中介变量后中介变量的系数均是边缘显著或显著的（$\beta_{控制}=0.710$，$p=0.055$；$\beta_{责任}=-0.182$，$p<0.05$），对应的交互作用项系数不再显著（$\beta=-0.054$，$p>0.05$，见模型四），说明识解水平对社会价值倾向与分配公平的调节作用是完全通过权力责任感和权力控制感发生的。

根据统计结果，可以绘制变量影响关系，如图 6.2 所示。

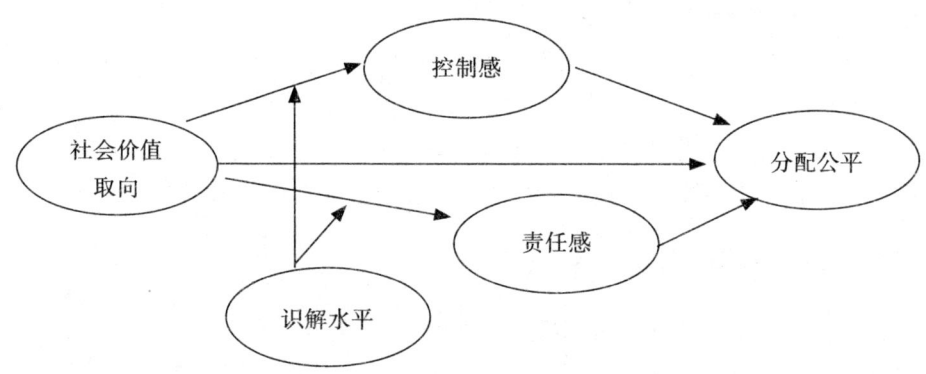

图 6.2　两种权力感与识解水平在社会价值取向与分配公平间的影响机制

社会价值取向对分配公平的影响作用是分别通过权力的控制感和权力的责任感两种权力感受而起作用的，并且两种权力感受一个是起到正向预测的作用（责任感正向预测分配公平），一个是负向预测作用（控制感负向预测分配公平）。社会价值取向本身具有两极性，亲自我和亲社会两种取向本身就具有不同的亲社会程度，其内在含义与控制感和责任感都具有一定程度的内在关联，因此对亲社会行为的影响机制上，也是通过两条途径发生作用。识解水平的调节作用也十分显著，能够改变社会价值取向与控制感、责任感和分配公平之间的关系，说明识解水平思维定式的强大影响作用。研究二中，两种权力感的识解水平差异表明，责任感是高识解，而控制感是低识解。Rachlin（2002）认为，在利他与自利的关系上，利他的个体需要抑制自私、利己冲动，其心理行为机制与跨期选择中的延迟满足相似，代表较远的心理距离，其本质都是自我控制。从某种意义上说，对他人和对未来的选择和判断，都需要以当前的近的直接经验为基础进行相应投射。因此，如果操控和干预个体的识解水平，会改变直接经验与投射之间的关系，进而影响行为。

6.5 讨论

本研究中，实验 4 和实验 5 的结果共同表明，权力人本身的个体人格在影响分配行为的关系上，会受到两种权力感和识解水平的影响而发生改变。总体上，权力感在人格变量的效应中起中介作用，识解水平可以调节权力人格变量与权力感、分配公平行为间的效应。

6.5.1 两种权力感在个体因素与分配公平之间的作用

根据实验 4 和实验 5 的研究结果，两种权力感在社会支配取向和社会价值取向与分配公平间的影响作用并不完全一致，社会支配取向的效应只被权力控制感所影响，社会价值取向则分别受到控制感和支配感两种权力感的中介作用，并且中介的方向不一致，控制感负向中介分配公平，而控制感正向预测分配公平。两种权力感在不同情况下中介效应不一致的结果表明，在权力影响分配公平的机制中，个体自身的人格特征是属于较为稳定的变量，人格因素所产生的权力感相对也会比较稳定。因而在影响路径上，权力感的中介作用体现在与之关联密切、含义接近的人格因素上，社会支配取向通过权力控制感的中介作用影响分配公平，而社会价值取向因为具有两个类别，亲社会价值取向与责任感关联密切，而亲自我取向与控制感关联密切，因此在影响路径上，社会价值取向分别从控制感与责任感两个中介渠道影响分配公平。

以往多项研究均得出权力会导致两类行为的结论，但是对于内在的影响机制并没有深入探讨。有部分研究探究过权力情境影响行为的中介机制，发现授权感和问责会导致不同性质的行为，这些研究结论与本研究的结论较为一致，但是这些研究都是独立进行控制感或问责的操作检验，没有将两者联系起来进行测量和比较。本研究同时测量两种不同类型的权力感，发现两种权力感影响权力行为两条的中介路径并不总是同时存在，而是会随着前置人格变量的特点决定究竟那条路径的影响作用更强。但从本研究的结果看，虽然权力感具体的影响路径不尽相同，但是权力感的中介作用基本是稳定存在的，控制感与责任感对分配公平中介作用的方向也基本是明确的，即控制感是负向预测分配公平，而责任感是正向预测分配公平。这个研究发现有助于整合以往研究中权力与行为关系分离的结果，即权力主体的个体特征会通过权力感的中介作用影响和改变行为，不同个体特征的中介路径不同。

6.5.2 识解水平在个体因素与分配公平之间的作用

从实验4和实验5的研究结果看，识解水平的调节作用较为稳定，调节作用的实现路径也比较多。识解水平是一种思维定式，一旦被启动后，会影响心理与行为的方方面面，而不仅仅是通过权力感一条路径来实现。识解水平的启动会广泛地影响各种认知行为和心理加工机制，在实验4和实验5中，识解水平与个体变量的交互项不仅直接影响了权力感，还直接影响到分配公平。这种思维定式的操作对权力行为的影响和改变进一步证实了识解水平与行为间的双向影响机制。研究二中的结果证明，两种权力感或权力行为产生了识解水平的高低差异，而本研究又证明，通过采用高识解水平或低识解水平的操作，可以反过来改变行为的结果和性质，证明了识解水平对行为的影响作用。

以往研究中将权力作为一个整体的独立变量，认为权力是与高识解水平相联系的，而本研究的结果证明，两种权力感不仅具有识解水平的差异，也会通过识解水平的操作影响到权力感，进而影响权力行为。这一研究发现对现实生活中的权力应用具有深远的意义。如果说研究二的结论是两种权力感导致公平行为的差异，本研究则证明，可以通过操作识解水平改变和控制两种权力感的强度，以及改变和控制权力行为结果的性质，可以通过情境的设置、教育的引导提高权力者的识解水平，促进公平等积极的亲社会行为的出现。

6.6 结论

在权力人个体变量与分配公平的关系中，两种权力感与识解水平会分别起到中介作用和调节作用。并且，权力感对人格变量中介作用的影响路径与人格变量的含义有关，权力感与人格变量的含义越接近，越容易通过该条路径产生中介作用。识解水平的操作会改变人格变量与权力感和公平行为的关系，起到调节的作用。在高识解条件下，提高责任感、降低不公平；在低识解条件下提高控制感、提高不公平。

个体人格变量SDO影响分配公平，权力控制感在社会支配取向与分配公平的关系中起中介作用。SDO越高，权力控制感越高，分配越不公平；SDO

越低，权力控制感越低，分配越公平。识解水平调节了 SDO 与分配公平的关系：高识解时，降低不公平；低识解时，提高不公平。

个体人格变量社会价值取向影响分配公平，亲自我取向者权力控制感更高，分配更加不公平；亲社会取向的权力责任感高，分配更加公平。识解水平可以调节社会价值取向与分配公平的关系。提高识解水平，增加权力责任感，促进公平行为；降低识解水平，减少权力责任感，增加控制感，降低公平行为。

In my view the ideal society would be one in which each citizen developed a real split personality, acting selfishly in the market place and altruistically in the ballot box.

——James Meade, Winner of the Nobel Prize in Economics

修其心，治其身，而后可以为政于天下。

——宋王安石《洪范传》

7 研究四　权力特征对分配公平的影响：权力感和识解水平的作用

7.1　研究目的

本部分研究考察权力感、识解水平在权力客观特征（权力来源与权力对象关系）与分配公平间的影响作用。

7.2　研究假设

7.2.1　权力来源对社会分配公平的影响

权力来源是权力的重要特征，也是行使权力的基础。其中，权力的合法性是权力存在的前提条件（Bruins，1999）。合法性权力是通过法定程序推选或任命而担当一定职位所得到的行为力量（韦庆旺，2008）。任命和推选是在政治制度和组织管理中常见的也是基本的确定管理者的办法，一般来说任命是领导或者上级组织委托任命某人担任某种职务的决定方式，推举是由代表或成员推荐选举某人担任某种职务的决定方式。从权力来源角度分析，合法性是权力存在的前提，无论是推举还是任命都具有相同的职位权力。因此，合法性权力的行使不取决于掌权者与别人的关系或影响他人的方式（韦庆旺，2008），但有可能由于权力对象的不同而影响其行使权力的方式。从与权力对象的关系角度来说，选举是自下而上的，选举产生的权力来自群体成员，因此个体在行使权力为群体成员分配资源时，会有被问责的可能（即使实际上未必如此），触发个体要对成员更负责任的认知（Mark and Cremer，1999），在分配上可能更倾向于公平。而任命是自上而下的，其权力来源于上级而与分配对象无关，因此会有更高的被授权感和自由感（Charles ey al.，1994；De Cremer and Van Dijk，2005；Stouten，De Cremer，and Van Dijk，2005），他们可以更自由、更合法地支配公共资源，而被分配者只能服从决策。

7.2.2 权力对象关系对社会分配公平的影响

根据 Weber，Kopelman 和 Messick（2004）的研究，社会背景信息是与人有关的决策中必须要考虑的。而权力作为一个社会关系变量，其行为方式不仅会影响对方，关系对中另一方的角色也会反过来成为影响行为的决定性因素（Moore and Klein，2008）。黄光国（1999）从资源交换角度提出不同的关系会决定资源掌控者的行为方式和原则，他认为一个握有某种社会资源分配权的人首先会考虑对方和自己的关系，再决定以不同的社会交易法则与之交往。费孝通的"差序格局"理论依据亲疏关系可将中国人际关系分为家人关系、熟人关系、生人关系。西方一些关于社会距离的实证研究也提供了关系影响分配行为的证据。Charness 和 Gneezy（2008）通过是否显示对手的姓氏、是否有单方认识和双方认识交流的机会来控制社会距离的远近，发现社会距离的拉近导致了对对方分配的增加。关于权力的研究表明，缺乏约束的权力会诱发人的自利倾向（Wolfe and McGinn，2005），共同关系或家人、熟人关系与责任感有密切的联系，更重视他们的利益，在分配中权力者可能会给予对方更多的资源。而交换关系、生人关系与自利、利益交换有密切联系，在没有明显的利益交换可能的情况下，权力人有可能会做更自利的分配。

7.2.3 识解水平与社会心理距离

权力情境经常要求个体有更全面、更宏观的视角，提前制订计划。Smith 和 Trope（2006）发现，拥有权力的个体认为自己更特别，更不依赖他人，在心理上与团队其他成员更疏远，从而有更远的社会距离。远的社会距离会导致对对方概括的、模糊的、去个体化的认知，因而在大多数社会困境决策中，人们都会给予他人不那么公平的分配。但这些结论仍然是将权力作为一个整体，且大多以最后通牒范式和独裁者范式在自我—他人单维二人情境中进行分配。这种情况下，人们面对的是单一的"我—他"关系，不需平衡多方利益。但在社会背景下，权力决策者面对的现实情境更为复杂，权力行为会同时影响自我和他人，以及不同他人间的结果。社会决策的核心内容就是在不同角色对象之间利益的权衡（苏彦捷、张慧、张康，2012），当面对不同社会距离的他人时，关系对象上的差异也可能会反映在与权力感、分配公平与识解水平的作用关系中。

识解水平与权力、社会关系、分配公平之间还可能存在另一种影响机制。识解水平越高，越重视行为的价值性（desirability）而非可行性（feasibility）或利益性（王雪等，2014）。作为权力者，保证群体的公平有序是作为权力者的应为之事，也是社会规范的要求，具有高价值性。相对于自我利益来说，遵循社会规范，进行公平分配可能体现的是更高的责任感，是高识解水平的做法（见研究二的结果）。同时，关系差异所代表的是不同的心理契约和社会规范（梁建、王重鸣，2001），而具体分析不同对象的关系，对对象进行区别化对待（李美枝，2008），是低识解水平的做法。根据研究三的结论，操作识解水平可以影响权力者的权力感和公平行为，那么在面对不同社会心理距离对象的复杂情境时，操作识解水平是否会带来与先前研究一致的变化，在高识解条件下带来更遵循社会规范的公平化分配，低识解条件下带来更不公平的分配，还是会由于权力对象的不同社会心理距离进而产生区别化对待，造成更为复杂的结果？

相对于时、空、概率距离来说，社会距离与识解水平之间关系的研究相对较少，难度也更大，原因之一可能是社会距离的特殊性。与时、空、概率距离不同，社会距离没有客观指标可以度量。研究者一般是以自身经验为参照，来投射他人的经验和感受的，个体作为行动者审视行为时，自身行为处于近的心理距离，而作为观察者观察他人行为时，他人行为处于远的心理距离（陈海贤，2011）。韩世辉等人（2011）的研究表明，加工自我和他人的脑区不同，因此以想象自我与他人的操作产生的结果差异很可能是心理加工区域的差异而未必真正是心理距离或者识解水平的影响。我国学者费孝通提出的差序格局理论的本质就是社会距离的不同，可以通过操作差序格局中的家人，熟人，陌生人的方式操作社会距离的差异，去除个体自我建构的影响。

7.2.4 研究问题和研究假设

实验6以多个不同社会关系角色为分配对象，以平均分配作为分配公平的原则和指标，考察在同时面对多个不同社会距离的分配对象时，权力来源于不同途径的权力者在分配时公平程度的变化，以及权力感与识解水平在权力与分配公平关系中的角色。

本部分的研究假设人性。

假设 6a：权力来源会影响分配的公平程度，权力感在其中起到中介作用。具体来说，当权力来源于任命的，对群体成员的责任感较低，控制感较高，分配更加不公平（平均）；而当权力来源于推举时，会诱发对群体成员较高的责任感和较低的控制感，分配更加公平（平均）。

假设 6b：识解水平会调节分配的公平程度，高识解导致更公平的分配，低识解导致不公平的分配。

假设 6c：对不同分配对象的分配数量与社会心理距离（识解水平）有关，心理距离越远分配越少，越近分配越多。分配数量的多少与对象的权力感受有关，责任感越高，分配的数量越多；责任感越低控制感越高，分配给其的数量就越少。

7.3 实验6：权力来源与权力对象关系对分配公平的影响：权力感的中介作用和识解水平的调节作用

7.3.1 被试

大学生 124 人，男 32 人，女 92 人。

7.3.2 实验设计和程序

采用 2（权力来源：推举/任命）×4（权力对象关系：家人/领导/下属/陌生人）×2（识解水平：高/低）混合实验设计，其中权力对象关系为被试内变量，其余为被试间变量。因变量为不同对象间分配的平均程度，权力的责任感和控制感作为中介变量。

1. 变量操作与测量

权力来源的操作：以伪测验的方式操作权力来源。被试被告知即将进行一个分配任务，需要推选一名小组管理者。讨论以 4 个人为一小组，要求所有被试就"小组管理者应具备什么素质"的问题表达自己的观点和看法并进行简短讨论,以此作为确定管理者的依据。在推举条件下,实验者要求被试将他们认为适合做管理者的成员编号写在纸上,由主试回收统计,确定管理者(实际并未进行统计,上述操作只是让该组被试以为自己是被推选的管理者)。任命条件下告知被试由上级领导(即实验者)根据讨论的情况以任命的方式确定管理者。实际上,每个被试都告知成为管理者来完成分配任务。电脑反馈的指导语为:祝贺您!,您被成员推选/上级任命为管理者。

识解水平的操作:同研究三,以领导力思维训练的形式要求被试持续回答 How 或 Why 的问题以启动低水平或高水平识解思维方式。

权力对象关系的操作和检验:根据差序格局理论,权力对象关系可以分为家人,熟人和陌生人。由于实验情境涉及工作管理,在熟人关系中选择领导与下属作为代表,要求被试($n=36$)对家人、领导、下属、陌生人按照亲密性的远近程度从 0(表示自己)到 100 进行排序(数字越小代表关系越近)。根据统计结果,关系距离由近及远分别为家人($M=7.89, SD=5.43$)、下属($M=47.06, SD=21.27$)、领导($M=54.22, SD=19.39$)、陌生人($M=97.83, SD=4.43$)。对排序结果进行差异检验,除下属与领导间($MD=7.17, t(36)=1.91, p=0.069$)差异不显著外,其余两两关系间的距离均有显著差异。根据结果可以认为,按照家人、熟人和生人的关系,并在熟人关系中进一步划分领导、下属的差序操作是有效的,可以作为不同权力对象关系进行分配。

权力感的测量:以研究一开发的权力感问卷为工具,要求被试在分配结束后完成权力感问卷。同时,考虑到需检测个体对不同关系对象的权力感受,还要求被试完成分配后对每个权力关系对象的责任感和控制感的大小分别进行 7 点量表的判断(从 1 非常弱到 7 非常强)。

因变量测量:被试将公共资源按比例分配给各个对象(总数为 100)。以往研究表明,无论在哪种文化背景下,为维持人际和谐以及减少认知负荷,在多人群体中,平均分配原则是应用最广泛的原则。为凸显关系差异在分配上的效应,在实验中,告知被试待分配的资源中已有一部分是完全平均分配给各个成员的,其余部分(即被试分配的部分)可完全自由分配。被试将可自由分配的资源总数当成 100%,并为不同关系对象确定分配百分比。用被试对不同关系对象分配数量的差异程度(离差)作为分配公平的指标,数值越大表明在不同关系间的分配差异越大,分配越不公平。

2. 实验程序

被试进入实验室后被随机分配到推选/任命和高/低识解四种实验条件下的一种，主试分配给每个被试一个数字编号。被试首先进行权力来源的操作，要求讨论后每个被试报出自己的编号并就相应问题发表观点和看法，作为确定管理者的依据。经过伪测验确定权力来源于推举或任命后，进入实验过程。

正式实验过程在电脑上完成。在被试填写完个人信息后，阅读实验指导语，先做一轮分配练习，熟悉背景信息和分配过程。分配过程采用调整后的公共财物范式，被试作为一个小组的管理者，对由虚拟的小组成员（告知被试是由刚才参与讨论的其他实验被试扮演，请被试尽可能将其想象为真实的人物）投入的公共资金所产生的收益进行分配。小组成员分别由家人、领导、下属、陌生人组成。待分配的金额有一部分已经平均分配给各成员，其余部分由管理者（即被试）自由分配。被试填写分配给每个成员金额的比例。练习结束后确保每个被试都理解实验的过程。然后开始进入正式实验。为了避免一次分配决策的随机性和试探性，正式分配过程共进行三轮，分配比例数据取三轮的平均值作为最终的结果。在练习过程结束后正式分配过程开始前，进行领导力思维训练，完成高/低识解水平的操作和词汇范畴判断任务，分配过程结束后，被试完成权力感问卷，并描述自己对每个关系对象的责任感和控制感的大小，从1非常弱到7非常强中做出选择。实验结束后每个被试都将得到一份纪念品。实验具体材料见附录九。

7.3.3 结果

1. 权力来源与识解水平对权力感与分配公平的影响

各变量描述统计结果如表7.1所示。

表7.1 权力来源、识解水平对分配公平、权力感的描述统计结果

权力来源	识解水平	分配平均程度		权力控制感		权力责任感	
		M	SD	M	SD	M	SD
推举	how（n=29）	3.777	4.174	47.344	7.460	108.14	12.93
	why（n=29）	3.352	5.328	39.069	12.17	108.48	8.773
任命	how（n=27）	8.613	6.650	53.185	13.33	103.67	8.682
	why（n=23）	4.491	4.831	52.173	8.819	95.391	10.92

权力来源与识解水平都是类别变量，采用 GLM-multivarate 方法检验权力来源、识解水平以及其交互作用对分配公平、权力控制感和权力责任感的影响作用。统计结果如表 7.2 所示。数据表明，权力来源与识解启动对分配公平、权力控制感与权力责任感影响的主效应均基本显著（F 值介于 3.832 到 20.731 之间，p 值最大为 0.053，最小应为 0.000），两者的交互作用对权力责任感的影响作用显著（$F=4.527$，$p<0.05$），对其他变量的影响作用虽未达到显著水平，但也呈现出影响的趋势（p 值在 0.07 至 0.08 之间）。

表7.2 权力来源与识解水平对权力感与分配公平影响的多因素方差分析

变异源	df	分配平均程度		权力控制感		权力责任感	
		F	Sig	F	Sig	F	Sig
权力来源	1	8.427	0.005	20.731	0.000	18.791	0.000
识解启动	1	4.883	0.029	4.982	0.028	3.832	0.053
权力来源 × 识解启动	1	3.229	0.075	3.048	0.084	4.527	0.036

对权力来源、识解水平在各变量上的主效应和简单效应进行分析，结果如下：分配平均程度上，权力来源于任命条件下的分配比来源于推举条件下更不平均（$MD=3.339$，$t=2.018$，$p=0.001$），低识解条件下的分配比高识解条件下的分配更不平均（$MD=2.125$，$t=3.258$，$p=0.046$），权力来源与识解水平交互作用的检验结果为在推举条件下，两种识解水平的分配平均程度没有差异（$MD=0.298$，$t=0.241$，$p=0.811$），而在任命条件下，不同识解水平的分配平均程度差异显著，低识解时更加不平均（$MD=4.053$，$t=2.552$，$p=0.014$）。在权力控制感上，权力来源于任命条件下的权力控制感显著高于推举条件下（$MD=9.647$，$t=4.723$，$p<0.001$），低识解条件下的控制感显著高于高识解条件下（$MD=4.911$，$t=2.243$，$p<0.05$），交互作用上，在推举条件下，两种识解水平的权力控制感有显著差异，低识解水平的权力控制感显著高于高识解水平（$MD=8.275$，$t=3.121$，$p\leq0.005$），在任命条件下，两种识解水平的权力控制感没有显著差异（$MD=0.818$，$t=0.783$，$p=0.277$）。在权力责任感上，权力来源于任命条件下的权力责任感显著低于推举条件下（$MD=8.226$，$t=3.884$，$p<0.001$），高低识解条件下的责任感没有显著差异（$MD=2.681$，$t=1.1.6$，$p=0.234$）；交互作用上，在推举条件下，两种识解水平的权力责任感没有显著差异（$MD=1.449$，$t=0.473$，$p=0.638$），在任命条件下，高识解水平的权力控制感显著低于低识解水平（$MD=7.928$，$t=2.917$，$p<0.005$）。权力来源与识解水平在各因变量上的交互作用如图 7.1 所示。

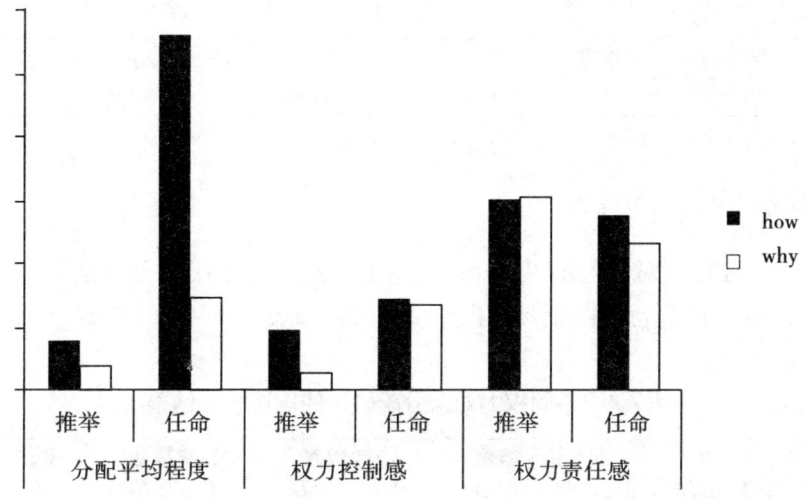

图 7.1 权力来源与识解水平在三个因变量上的交互作用

2. 权力感的中介作用

识解水平与权力来源为分类变量，转换为虚拟变量后，识解启动条件以低识解启动为参照，权力来源以推举条件为参照。权力感与分配公平均为连续变量，做中心化处理后进行中介作用分析，统计结果如表 7.3 所示。

表 7.3 的结果表明，权力感部分在权力来源对分配公平的影响中起中介作用，系数值分别由原来的 0.001 升高至 0.012，识解启动效应不显著。并且在中介效应中，权力控制感的中介更为明显（$p=0.001$），而权力责任感的中介效应边缘显著（$p=0.057$）。

表7.3 层级回归分析：权力感对权力客观特征与分配公平的中介效应检验

	自变量	因变量	β	t	Sig	R^2	ΔR^2	ΔF	$Sig\Delta F$
模型一	权力来源	分配公平	0.428	3.397	0.001	0.140	0.140	5.653	0.001
	识解启动		−0.038	−.304	0.762				
	交互项		−0.269	−1.797	0.075				
模型二	权力来源	分配公平	0.312	2.545	0.012	0.250	0.110	7.454	0.001
	识解启动		0.081	0.665	0.508				
	交互项		−0.406	−2.777	0.007				
	控制感		0.336	3.451	0.001				

自变量	因变量	β	t	Sig	R^2	ΔR^2	ΔF	SigΔF
	责任感	−0.199	−1.954	0.057				

注：交互项 = 权力来源 × 识解水平。

3. 权力对象的调节作用

考察不同关系对象与权力来源、识解水平间的作用对分配公平和对象权力感的影响。各变量描述统计结果和相关系数如表7.4和表7.5所示。

表7.4 不同权力对象分配数量的描述统计结果

权力来源	识解启动分组	家人数量		领导数量		下属数量		陌生数量	
		M	SD	M	SD	M	SD	M	SD
推举	how（n=30）	27.87	5.762	25.51	4.055	24.60	2.614	21.97	4.945
	why（n=29）	27.43	7.338	25.44	4.213	24.98	3.959	22.81	7.270
任命	how（n=28）	30.45	9.696	30.09	5.432	21.01	7.319	21.00	9.404
	why（n=26）	27.59	6.660	26.72	4.139	23.73	4.693	21.94	6.716

表7.5 关系分配数量以及与相应的权力感的相关系数

关系（n=113）	M	SD	对象控制感	对象责任感
家人数量	28.33	7.492	−0.477**	0.643**
领导数量	26.91	4.822	−0.142	0.332**
下属数量	23.61	5.095	−0.198*	0.224*
陌生人数量	21.94	7.166	−0.358**	0.291**

采用GLM-repeated measure方法检验不同关系类型与权力来源、识解水平在分配数量上的影响作用，检验结果如表7.6所示。结合简单效应分析的结果，发现关系的主效应显著（$p<0.001$），越近的关系分配的数量越多，所有关心间对应的两类差异达到显著（图7.2）。结合对各关系对象的分配数量与权力感之间相关分析的结果，分配数量与责任感正相关，与控制感负相关。

表7.6 交互作用检验结果

变异源	关系	关系×权力来源	关系×识解水平	关系×权力来源×识解水平	权力来源	识解水平	权力来源×识解水平
df	3	3	3	3	1	1	1
F	19.804	3.204	1.633	0.923	1.639	1.527	4.849

续表

变异源	关系	关系×权力来源	关系×识解水平	关系×权力来源×识解水平	权力来源	识解水平	权力来源×识解水平
Sig.	0.000	0.023	0.182	0.43	0.203	0.219	0.03

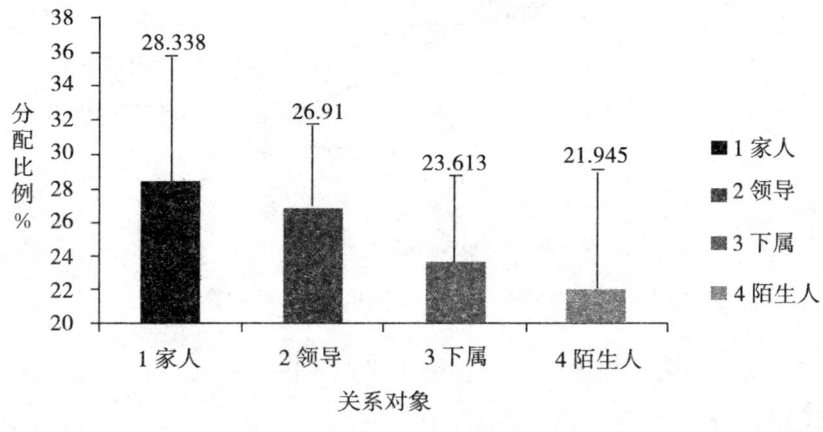

图 7.2 不同关系对象的分配比例

关系与权力来源的交互作用显著（$p<0.05$），对领导和下属的分配数量在推举和任命两种条件下差异显著，任命条件下，分配给家人和领导的数量显著高于推举条件下（$t_{家人}=2.457$，$p<0.05$；$t_{领导}=3.452$，$p=0.001$），分配给同事的数量则显著低于推举条件下（$t=2.637$，$p=0.01$）。

权力来源与识解水平的交互作用结果表明，任命条件下，对领导的分配数量在高低识解水平上存在显著差异，低识解对领导的分配数量显著高于高识解条件下（$t=2.547$，$p<0.05$），推举条件下其他条件间没有差别（图 7.3 和图 7.4）。

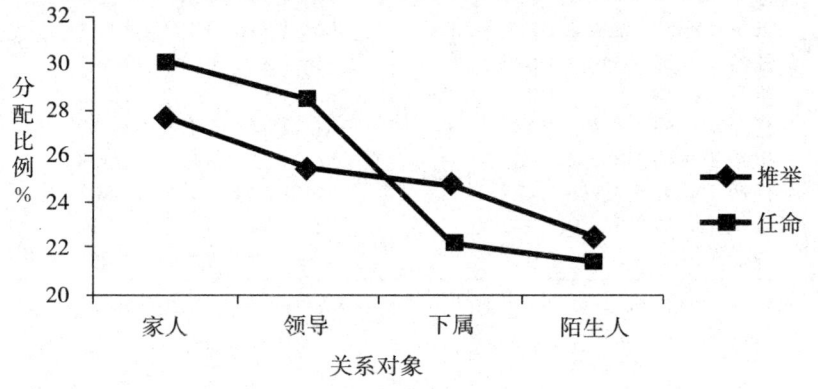

图 7.3 不同权力来源条件下不同关系的分配比例

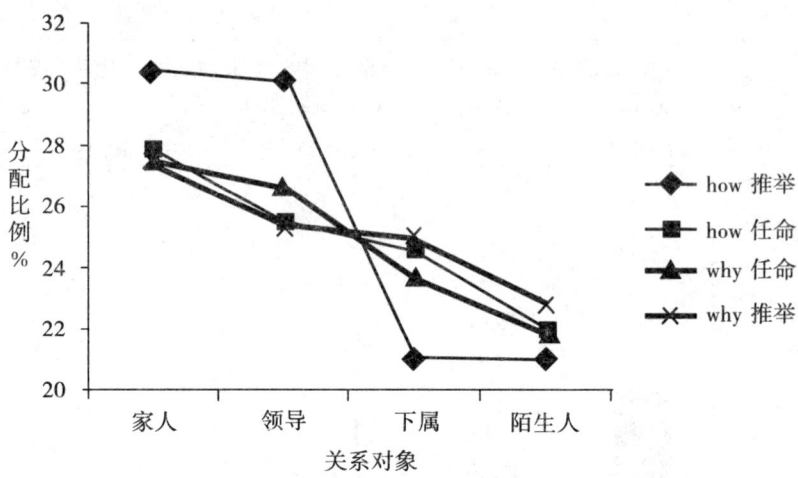

图 7.4　权力来源、识解水平对不同关系的分配比例

表 7.7 和 7.8 表示权力来源与识解水平对不同关系对象权力感判断任务中的差异检验结果。

表7.7　权力来源、识解启动对对象权力感的差异检验

	权力来源	M	SD	t	Sig	识解启动	M	SD	t	Sig
家人控制	推举（n=55）	4.236	1.655	0.795	0.429	how（52）	3.903	1.575	-1.399	0.165
	任命（n=45）	3.977	1.573			why（48）	4.354	1.643		
家人责任	推举（n=57）	5.122	1.1.3	-0.709	0.480	how（53）	5.150	1.276	-0.393	0.695
	任命（n=47）	5.276	1.097			why（51）	5.235	0.885		
领导控制	推举（n=59）	3.779	1.532	2.763**	0.007	how（85）	3.293	1.567	-0.725	0.470
	任命（n=54）	2.981	1.535			why（55）	3.509	1.597		
领导责任	推举（n=59）	4.152	1.1.1	-3.706***	0.000	how（58）	4.758	1.380	1.630	0.106
	任命（n=54）	5.018	1.324			why（55）	4.363	1.1.2		
下属控制	推举（n=58）	2.758	1.380	-2.895***	0.005	how（57）	3.193	1.641	0.209	0.835
	任命（n=53）	3.603	1.690			why（54）	3.1296	1.542		
下属责任	推举（n=58）	5.379	1.281	2.456*	0.016	how（57）	5.017	1.246	-0.685	0.495
	任命（n=53）	4.792	1.230			why（54）	5.185	1.332		
陌生控制	推举（n=57）	3.000	1.569	-1.791	.076	how（52）	3.269	1.573	0.192	0.848
	任命（n=47）	3.531	1.427			why（52）	3.211	1.48636		
陌生责任	推举（n=57）	5.350	1.043	2.380	.019	how（52）	5.173	1.042	0.374	0.709
	任命（n=47）	4.872	0.991	*		why（52）	5.096	1.052		

表7.8 权力来源与关系、识解水平与权力来源的交互作用检验结果

权力来源			权力来源 × 关系的交互作用				识解水平	识解水平 × 权力来源的交互作用					
								任命			推举		
	来源	n	M	SD	t		水平	M	SD	t	M	SD	t
家人	推举	59	27.66	6.530	2.457		how	30.45	9.696	1.252	27.87	5.762	0.254
数量	任命	54	30.07	8.420	*		why	27.59	6.660		27.43	7.338	
领导	推举	59	25.47	4.098	3.452		how	30.09	5.432	2.547	25.51	4.055	0.061
数量	任命	54	28.47	5.099	***		why	26.72	4.139	**	25.44	4.213	
下属	推举	59	24.79	3.319	2.637		how	21.01	7.319	1.636	24.60	2.614	0.437
数量	任命	54	22.32	6.289	**		why	23.73	4.693		24.98	3.959	
陌生	推举	59	22.38	6.158	0.680		how	21.00	9.404	0.422	21.97	4.945	0.523
数量	任命	54	21.45	8.158			why	21.94	6.716		22.81	7.270	

综合以上统计结果，可以绘制变量影响关系，如图7.5所示。

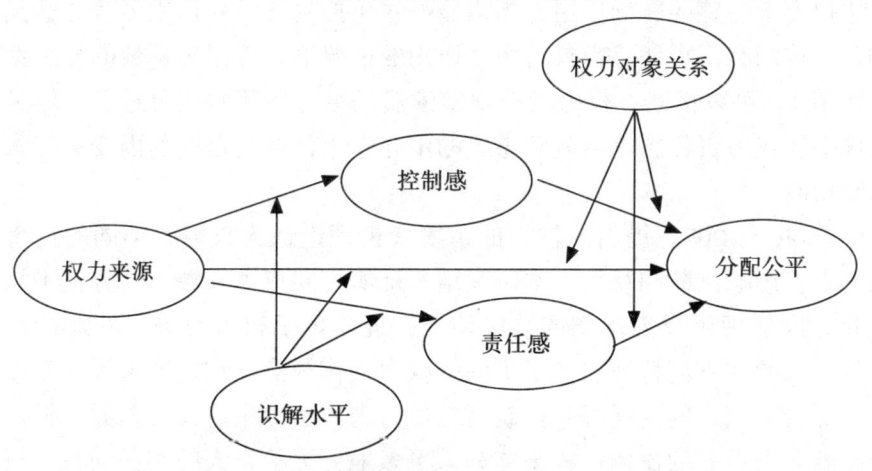

图7.5 权力来源与识解水平对权力感、分配公平的影响作用图

7.4 讨论

本研究考察了权力来源、识解水平在对不同关系对象分配公平上的影响作用和机制，以及权力感的中介作用。研究结果表明：①权力来源会影响分配的公平程度，权力感在其中起到中介作用，权力责任感能够正向中介公平行为，而权力控制感负向中介公平行为。权力来源于推举的具有更高水平的责任感，来源于任命的具有更高的控制感。②识解水平在一定程度上调节分配的公

平程度，高识解导致更公平的分配，而低识解导致更不公平的分配。③对不同分配对象的分配数量与社会心理距离（识解水平）有关，心理距离越远分配越少，越近分配的越多。分配数量的多少与对对象的权力感受有关，责任感越高分配的数量越多，责任感越低，分配的数量就越少。

7.4.1 两种权力感在权力客观属性与分配公平之间的作用

在权力客观属性与分配公平程度之间的检验结果证明，权力感在权力来源对分配公平的影响中起中介作用。结合研究三的结果，总的来说，权力感对分配公平的中介作用是存在的，权力责任感与权力控制感对公平行为的预测方向也基本是稳定的。但是在情境中，具体是哪一种权力感，在多大程度上起到中介作用的结果并不十分稳定。从两个研究的结果看，权力控制感的影响作用似乎比权力责任感的影响作用更为明显一些（控制感中介作用显著的情况更多一些，在控制感、责任感都具有中介作用的情况下，控制感系数的显著性也高于责任感），可以推断，权力的控制感依然是更为显著的权力感受，但是在部分条件下，权力责任感也会起到重要的中介作用，尤其是在前因变量与责任感关系密切时。

Guinote（2007）提出的权力的情境聚焦理论认为权力在不同的情境中以不同的方式影响判断和行为。本研究结果证明不同权力来源下对分配平均程度的变化，既体现了权力运作的情境特征，也体现了权力与关系的复杂作用机制。权力来源的不同特征启动了不同的权力运作规范。在权力来源于任命的情况下，尽管对家人的责任感和控制感与权力来源于推举时没有差异，但被试依然分配给家人更多的比例，将集体利益更多地分配给家人的利己动机被更强的诱发出来，权力更容易被视为一种个人资源而在使用时更加随意。按照实验情境的操作，任命情况下的权力来自上级领导，因此对领导有更高的责任感，分配给领导的数量更多，分配给成员的更少。而当权力来源于推选时，由于经历了成员的推选过程，权力的行使也意味要对所有成员负责任，不能过于关注家人的私利和对领导的关照，以免在分配时出现与任命条件相反的情况。推举产生更多责任感，并且是对成员整体的责任感，而非个别成员的责任感（推举条件下对下属和陌生人的责任感增强，而对领导的责任感下降），导致更公平的分配。任命对成员产生控制感（任命条件下对下属和陌生人的控制感更高），对领导产生责任感（任命条件下对领导的责任感更高），对成员分配更不公平，并且会给家人、领导分配的利益更多，表现出对个别人负责的倾向。

根据权力来源、权力关系与分配数量的研究结果，可以说，权力来源于哪里，对谁的责任感就越强，分配给谁的就越多。中国儒家文化"仁"的思想认为责任对于权力的使用是第一重要的（韦庆旺、俞国良，2009），从本研究的结果中也可以看出，强调权力来源于推选，即权为民所赋，会引发权力使用者的责任意识，能有效降低对家人、领导等特权人物的权力分享，这为更好地解决实践中的社会管理与分配问题提供了有力的依据。

7.4.2 识解水平在权力客观属性与分配公平之间的作用

高识解启动会带来价值性的渴求，以及成员间更公平的资源分配。与以往研究结果有所不同，以往研究认为权力会带来自利的分配，加大了与对方的心理距离，从而导致对对方更不公平。但这是在自我—他人间进行分配而导致的结果。当同时面对的是不同社会距离的他人而非自我与他人时，高识解会带来更平均的、降低差异的分配（高识解条件下的分配平均程度更高）。并且，对于在同样社会心理距离的领导和下属，高识解的操作增加了对下属的分配而减少了对领导的分配，减少了分配不公平，低识解条件下则倾向加大分配差异，增加不公平（关系与识解水平在整体上未出现效应，但差异检验结果表明，在不同识解条件下，对领导和下属的分配存在差异）。这与权力的社会距离理论的结果有些矛盾。权力社会距离理论认为，高高在上的权力加大了与他人之间的心理距离。社会距离越远越模糊，越去个性化，识解水平越高，分配越不公平（王雪等，2014）。本研究对识解水平和社会距离的操作却产生了识解水平越高，分配越公平的结果。这看似矛盾的结果实际上也依然可以用社会距离与识解水平的关系和操作来解释。由于社会距离的特殊性，社会距离并不能够像时空距离、概率距离那样有一个客观的可以度量的指标，只能以自身经验作为参照的"0"点，投射他人的经验和感受。

当个体作为行动者时，自身行为处于原点，而作为观察者时，他人行为处于远的心理距离（陈海贤，2012）。在启动了高识解，并且情境信息强化高社会规范的价值性条件下（公平规范、责任感），个体开始关注他人的结果，行为决策的参照点由自我中心转向他人，此时社会距离判断的参照点发生了变化。从这个角度来说，遵从社会规范的高识解使决策者将心理距离的参照点由自我转向他人，因而也可以说拉近了社会距离，进而导致更公平的分配。这种参照点变化而导致行为决策发生变化的现象也发生在决策的其他领域，如跨期决策，但他们是否有相同的心理机制还需进行进一步的研究探讨。

李宇、王沛、孙连荣（2014）认为，中国文化是他人本位的文化，指的是站在他人（包括个体他人、家族、国家民族）立场做出判断和行为，关注外在的道德行为标准,重视与他人之间的联结,与自我本位相对立。但是,当前的社会决策研究并没有真正体现中国文化中的"他人本位",而是处于从"自我"决策到"自我—他人"决策的过渡阶段,考虑的是决策者为他人做决策的模式(刘永芳等,2010;段婧等,2012)。本研究的识解水平操作发现了高识解启动改变了决策者思考问题的视角,从某种程度上体现出了他人本位决策的意图,在今后的研究中可以进一步从识解水平的角度出发,探讨在权力关系与分配公平方面,他人本位的视角是否会产生不同的分配结果。

7.4.3 权力背景下的社会决策与公平

公平是最基本的社会规范,也是亲社会行为的基本组成部分和社会困境的核心内容,是社会决策行为的重要概念(苏彦捷、张慧、张康,2012)。分配公平是最典型、最重要的公平行为。Barrett-Howard 等(1986)将分配公平分为 6 个标准(跨时间和人物的一致性、偏见的抑制、信息的准确性、决策的可修正性、决策主体的代表性,以及对道德伦理标准的维持),其中跨时间和人物的一致性是最重要的准则。如果分配情境并不明确个人贡献和产出效益,那么平均分配原则是最合理的、最简单的分配原则,分配对象的关系与分配结果不应该有直接联系。然而,社会现实以及很多研究结果表明,随着社会心理距离或者亲疏程度的不同,人们很难保持完全一致的分配标准。社会决策背景下的公平,是连接自我和他人结果的直接表现(Fehr and Camerer,2007)。苏彦捷等(2012)认为在自我利益与他人利益中寻求平衡是社会决策的关键。如果将自利—公平—利他视为利益划分的连续的整体,将自我利益和他人利益作为社会决策中利益权衡的两端,那么公平就是连接自利与利他的中间点。权力是能够提供或扣留有价值的资源或者进行惩罚的能力(Emerson,1962;Fiske,1993;Kipnis,1972;Thibaut and Kelley,1959),所有的分配范式,尤其是与资源分配有关的范式,如博弈范式、社会困境范式、社会决策范式等,其主体均有某种对资源控制的能力,对资源的分配有某种决定权,因此都可以视为权力的运用,资源的分配过程就等同于权力的运用分配过程,与人有关的资源分配过程都是社会决策背景下的权力运用过程。根据本研究结果,被试对家人和领导倾向于分配得更多,而对下属和陌生人则分配得更少。在权力相关的研究中,缺乏约束的权力会诱发人的自利倾向,有权力的个体在分配中可能会对自己(也包括与自己关系更近的人)做出更有利的分配。

7.5 结论

本部分研究发现：在权力来源、权力对象关系与分配公平的关系中，权力感与识解水平会分别起到中介作用和调节作用。结合对关系对象的权力感评分结果，权力来源于任命时，对群体一般成员（下属和陌生人）的责任感较低、控制感较高，对领导的责任感高、控制感低，导致分配数量间的差异增大，使分配更加不公平（平均）；而权力来源于推举时，会诱发对群体一般成员较高的责任感和较低的控制感，使分配更加公平（平均）；对家人的权力感并不会随着权力来源的变化而变化，但是在分配公平上，会在任命情况下对家人有更多的分配。

识解水平会调节分配的公平程度，高识解导致更公平的分配，而低识解导致不公平的分配，并且在任命条件下，低识解时分配的不平均程度最强。识解水平会影响总的权力感，识解水平越高，控制感越低、责任感越强，推举条件低识解情况下的控制感最强。但是，识解水平对具体到对象的权力感没有影响。

对不同分配对象的分配数量与社会心理距离（识解水平）有关，心理距离越远分配越少，越近分配的越多。

The central issue of power in leadership is not Will it be used? But rather Will it be used wisely and well?

——Al Gini

轻财足以聚人，律己足以服人，量宽足以得人，身先足以率人。

——明陈继儒《小窗幽记·集醒篇》

8 总讨论

8.1 主要研究结果

本研究探讨权力与公平的影响机制，主要关注两种权力感的特点，以及权力感和识解水平在权力与公平间的影响作用。

研究一通过访谈和问卷编制的过程探讨两种权力感的构成和测量工具，并通过实证检验和与效标变量之间的关联来检验两种权力感理论的合理性和可靠性。研究表明，权力感包括权力控制感和权力责任感的理论假设基本成立，编制的权力感问卷具有一定的信效度指标，可以通过问卷测量两种权力感。不同社会群体的两种权力感受存在差异，公务员的两种权力感受均比教师、学生等角色的两种权力感受更强，表现出权力感受的角色差异。

研究二探讨权力感对公平的效应和机制，考察了权力感是否是影响分配公平行为的直接原因，并且比较了两种权力感条件下诱发的识解水平差异。研究表明，两种权力感对分配公平的影响具有不同的效应，权力责任感导致更公平的分配，而权力的控制感降低分配的公平性。两种权力感存在识解水平的差异，权力责任感的识解水平高于权力控制感的识解水平。

研究三和研究四分别考察权力者的主观特征和权力客观特征对分配公平的作用，是否都是通过权力感的中介作用而发挥作用，并在两类条件下考察识解水平的调节作用。研究三考察了两种权力感与识解水平在权力人社会支配取向、社会价值取向与分配公平行为关系中的影响作用和机制。研究发现，在权力人个体人格变量与分配公平的关系中，两种权力感与识解水平会分别起到中介作用和调节作用。并且，权力感对人格变量中介作用的影响路径与人格变量的含义有关，权力感与人格变量的含义越接近，越容易通过该条路径产生中介作用。识解水平的操作会改变人格变量与权力感、公平行为的关系，起到调节的作用。高识解启动条件下会提高被试责任感，降低分配不公平，而在低识解条件下提高控制感，提高分配不公平。社会支配取向影响分配公平，权力控制感在社会支配取向与分配公平的关系中起中介作用。SDO 越高，权力控制感越高，分配越不公平。识解水平调节了 SDO 与分配公平的关系。社会价值取向影响分配公平，亲自我取向权力控制感更高，分配更加不公平；亲社会取向的权力责任感高，分配更加公平。识解水平可以调节社会价值取向与分配公平的关系。提高识解水平可以增加权力责任感，促进公平行为；降低识解水平，可以减少权力责任感，降低公平行为。

研究四考察了在权力来源和权力对象关系与分配公平行为的关系中，两种权力感与识解水平的作用和机制。结果表明，在权力来源、权力对象关系与分配公平的关系中，权力感与识解水平会分别起到中介作用和调节作用。当权力来源于任命时，对群体成员的责任感较低而控制感较高，导致分配数量间的差异增大，分配更加不公平；而权力来源于推举时，对群体成员的责任感较高而控制感较低，分配更加公平；识解水平会调节分配的公平程度，高识解导致更公平的分配，而低识解导致更不公平的分配，并且在任命条件下，低识解时分配的不平均程度最强。识解水平会影响权力感，识解水平越高，控制感越低、责任感越强，推举条件低识解情况下的控制感最强。

8.2 两种权力感的存在及其中介效应

当前，西方关于权力的社会认知研究过于注重权力的"控制"和"自由"含义，将权力视为对资源和他人的控制支配，权力感始终被当成单一的维度，将权力感等同于控制感，而忽视了权力作为责任的特征（韦庆旺等，2008）。本研究的结论验证了权力感具有控制感和责任感两种假设的理论构思和效度，并将权力控制感划分为"支配控制"和"自我提升"两个维度，将权力责任感划分为"应做之事""他人关注""后果承担"三个维度。

根据勒温的心理动力学观点，行为是个人因素和情境因素的函数。人格与情境对行为的影响取决于两者的相对强弱。在强情境中，情境因素对行为的影响更大；在弱情境中，人格因素对行为的影响更大（Carpenter，2003）。本研究通过在个体变量和情境变量两个方面探讨权力感的中介作用，结果均发现了权力感的中介作用，而且权力责任感与权力控制感对公平行为的预测方向基本是稳定的，但在具体情境中是哪一种权力感、在多大程度上起到中介作用的路径和结果并不稳定，其影响机制受到主体变量内涵和情境特征凸显的影响。

作为伴随权力产生的两种不同的权力感受，一种权力感会导致更为公平的行为结果，而另一种权力感会导致更为不公平的行为结果，这与Jan Hofer等（2010）总结的权力会导致自利与亲社会两类行为结果的观点相一致，但他们等并没有详尽地分析导致两类行为结果的原因和机制，本研究的结论则在解释差异行为的机制上更为深入一些。一般说来，主观心理感受往往是离行为最近的部分，权力感直接决定权力行为。结合文献综述的内容，导致权力积极行为结果的心理变量都与责任感中的某些含义有关联，如问责、他人取向（社会价值取向）、惩罚等会提高亲社会行为，而导致消极行为的都与控制感有一定关联，如刻板化他人、个人优越感等会导致对他人更不公，提高了自利行为。两种权力感理论观点的提出，能够充分解释以往研究中对权力行为的性质的分离、矛盾的结果。

8.3　权力的识解水平差异及其对行为的影响

识解水平是一种思维定式，一般认为识解水平对行为具有双向的影响机制，某些行为会产生或具有不同的识解水平，操作和改变识解水平也会反过来影响和改变行为。本研究证明，两种权力感具有识解水平的差异，权力责任感代表较高的识解水平，而权力控制感代表较低的识解水平。采用高低识解水平思维启动的范式也会影响权力感和分配公平行为，证明了识解水平对行为的影响作用。

结合心理距离理论和识解水平理论来看待权力控制感和权力责任感识解水平的高低差异，权力责任是心理距离更远、更具他人导向的、更具目的性、更抽象的概念建构，识解水平更高；而权力控制是心理距离更近、更具自我导向、更具情境性、更具体的概念建构，识解水平较低。以往被认为是单一建构的代表高识解的权力有了更为细致的划分，分别具有高、低识解两种情况。权力是社会情境中的权力,具有社会性和情境性,而不是独立于社会情境之外的个体属性或倾向(韦庆旺、俞国良,2009)。个体层面的权力是低识解水平的权力,而社会层面的权力是高识解水平的权力。因此,进行权力决策时,识解水平不同,产生的行为结果也不同。考虑社会背景信息是高识解条件,提高权力责任感,产生更为公平的分配;而强调个体自由和独立是低识解条件,提高权力控制感,产生更为不公平的分配。

但是,对比研究中权力控制感和责任感的研究结果,可以发现权力控制感的影响作用大于权力责任感的影响程度,按照识解水平理论,人们认为对低识解条件的加工更为容易,可得性强,而对高识解条件的加工要更困难,可得性弱,因此在行为反应上,权力会更多地、更容易地被表征为权力控制感,才会有大多数研究将权力感等同于控制感的结果。权力责任感虽然可能具有较远的心理距离(相对于权力控制感来说),却并不能说责任就不是权力的特征,只不过在易得性上稍弱。本研究的识解水平操作发现了高识解启动改变了决策者思考问题的视角,更加考虑他人结果而带来更为公平的分配。

8.4 权力与行为关系的整合及东西方文化差异

无论就理论建构、研究范式还是研究内容而言,当前大量的权力认知研究沿袭了国外研究的预设前提与范式,将权力视为对资源和他人的控制支配,而忽视了权力作为责任的特征,这制约了国内权力研究的发展和对权力本质的认知。我国具有与西方不同的文化背景和独特的权力文化,李宇,王沛,孙连荣(2014)认为,中国人社会认知的基础是以"差序格局"为基调的传统文化,其根本特点为"他位认知"。而西方文化强调个体的自由意志,因此其权力行为、特点和心理机制必然表现出与西方不同的特点。在西方未被重视的权力责任感的内涵,在东方文化背景下就可能是重要的影响因素。东方对责任的重视有着悠久的历史渊源和紧迫的现实要求。东方文化强调行为的内敛抑制,强调对后果规范的考虑,权力感受也包含有权力责任的内涵。而西方文化强调的自我、自由会产生更多的支配控制感,甚至是一些"不切实际的控制感",即使是与责任有关的权力行为也是强调对个人行为不良后果的承担,而非中国文化背景下责任的更广泛的含义。

本研究的结果证明了两种权力感的存在和识解水平的差异。结合以往权力文化研究的结论,可以推导东西方文化在权力建构和权力行为以及权力思维方式上可能也存在不同。东方文化是以更为宏观、更为整体性的思维方式来看待和解决问题，西方文化则以相对更为个体化、更为具体性的思维方式看待和解决问题。唐土红（2015）认为，"权力具有道德性"，权力的本性应在于谋取和保护公民的"公共幸福"和"公共利益"（吕鹏，2014）。权力的存在是为了保护社会和谐的环境、平等的秩序，保全公民的人身财产安全，保证公民的生活幸福。从这段描述可以看出权力的高识解的特征。而过于强调权力的控制感，强调权力是个人利益的满足，是人与人的斗争，是低水平的识解。当前，西方关于权力的社会认知研究过于注重权力的"控制"和"自由"含义，而忽视了权力的"责任"含义（韦庆旺、俞国良，2009）。中国儒家文化"仁"的思想却给权力赋予了丰富的责任含义，并且强调"仁"对权力的使用是第一重要的（Gardner and Seeley, 2001）。从本研究的结果中也可以看出，由于权力来源的不同而体现的权力感不同直接导致对关系分配上的差异。按照权力的情境聚焦理论（the Situated Focus Theory of Power），认知和行为是建构在情境基础上的动态过程，权力来源的不同特征启动了不同的权力运作规范，导致在不同关系上分配数量的差异。根据权力感与文化价值取向之间的相关性也可以推导权力感、权力的识解水平在东西方权力文化和行为方面的表现。因此，采用本土化的定义和范式研究权力行为有助于挖掘东方文化独有的社会文化心理的特点和权力行为的特点，其研究结果具有重要意义，同时更有针对性，更有价值。

8.5 本研究的理论贡献

综上，本研究的结论验证了权力感具有控制感和责任感两种假设的理论构思和效度，并将权力控制感又划分为"支配控制"和"自我提升"两个维度，权力责任感划分为"应做之事""他人关注""后果承担"三个维度。该结论拓展了权力认知的研究范围，是权力研究的重要补充。本研究开发的权力感问卷也可以广泛运用于权力相关的研究中，是当前权力感测量工具的有效补充，有助于提高权力感研究测量的准确性和内容的完整性。

本研究的结论还有助于解释权力研究领域中分离的研究结果。结合文献综述的内容，导致权力积极行为结果的心理变量都与责任感中的某些含义有关联，如问责、他人取向（社会价值取向）、惩罚等会提高亲社会行为；而导致消极行为的都与控制感有一定关联，如刻板化他人，个人优越感等会导致对他人更不公，提高自利行为。

本研究结果还证明了两种权力感的存在和识解水平的差异。结合以往权力文化研究的结论，可以推导东西方文化在权力建构和权力行为以及权力思维方式上可能也存在不同。东方文化是以更为宏观、更为整体性的思维方式来看待和解决问题，而西方文化则相对更为个体化、更为具体性的思维方式看待和解决问题。

本研究还发现识解水平在权力与公平之间起到调节变量的作用，识解水平的变化可以影响两种权力感的差异，进而影响分配公平行为的变化。这对权力感、权力与公平行为的影响机制做了更深入的探讨，提供了更进一步的依据。

8.6 本研究结果的实践意义

8.6.1 促进本土文化发展与文化间的交融理解

西方话语权下的科学研究范式都带有西方文化价值取向的特点，而东方本土化心理学研究的发展促进了多元文化的发展，充实了心理学理论研究的内容，促进了不同文化间的理解和交融。

西方的民主自由与东方的儒家思想是两种不同的价值观念，一种强调自由，一种强调责任。吴先伍（2008）在引用当代哲学家勒维纳斯的"他人责任"的观点中提到自由与责任的相对关系，原文指出：

"在现代社会中，天赋人权的观念告诉我们，人与人之间都是平等的，每个人都拥有平等的权利，都可以按照自己的自由意志行事，而这就必然会导致人与人之间自由权利的互相冲突，使我的自由权利无法得到充分发挥。由于现代自由观念中所隐含的唯我论、自我中心论，使我将他人看作我的自由实现道路上的障碍，我在追求自由的时候，就必须肯定我对他者的权力，我为了自由可以对他者行使暴力或者进行屠杀。这样一来，极少数人的自由权利逐渐演化为一种权力，变成极少数人对绝大多数人的暴力行为，变成一种不负责任的行为。……勒维纳斯指出，自由不是一种无限的自由，而是一种有限的自由，自由并非第一位的，自由是在不自由中开始的，是在各种强制性的表现中开始的。自由之所以不是第一位的，那是因为，我在进行自由地抉择之前，就已经具有为他人负责的善良品性，就已经是一个负责任的人，自我是先于自由的责任者，伦理先于自由而潜入到自我之中。

自由是以自我为中心的，责任是以他人为中心的。海德格尔所开创的存在主义哲学将目光全部集中在此或我的存在上，从而忽视了他者，使自我成了一个没有通向外界出口的封闭的孤独的存在者。要改变这一状况，就必须打破自我孤立，走向他人，面向他人，为他人负责。一旦自由由无限的自由变成了有限的自由，责任开始先于自由，也就意味着他人与我相比，就具有了一种优先性。"

这段话阐释了自由与责任的辩证关系，也体现了自由与责任在权力行使中识解水平的差异与转化。可以说，整个人类社会的文明进步，就是不断地在自我与他人之间权衡。当人们考虑自己更多时会带来自利、混乱，破坏社会秩序与文明，而考虑他人更多时，会产生更多的利他互助，增强社会秩序与文明。东方重他人、重责任的文化传统必然与西方存在不同之处，然而这些特点并没有在社会心理学的研究中体现出来。李宇、王沛、孙连荣（2014）认为，尽管已有部分学者考虑到了决策者为他人做决策的模式（刘永芳等，2010；段婧等，2012），为中国化决策研究起到了承上启下的作用，但这也仅仅处于从"自我"决策到"自我—他人"决策的过渡阶段，并没有真正体现中国文化中的"他人本位"。所谓的他人本位，即与自我本位相对，指的是站在他人（包括个体他人、家族、国家民族）立场做出判断行为、关注外在的道德行为标准、重视与他人之间的联结等，重视行为责任和规范是东方文化的特征，是高识解水平的表现。本研究的结论是将社会认知研究中国化的一个表现，也是对东方文化心理特点的挖掘，是对权力研究的重要补充，也是促进东西方文化之间的交流与理解方法和途径。

8.6.2 应用于官员选拔、培养与教育

权力是社会结构中不可缺少的组成部分，是社会高效有序运转的保证。权力的有效行使离不开权力者，权力者的个人特点以及权力情境的特点会直接影响权力行使的效果。本研究对权力者个体变量与公平关系的探讨说明，一些个体变量与公平行为有关，而且会影响到通过哪条权力感路径影响公平行为，因此在官员选拔方面，可以以某些特定的与权力行使有关的个体人格特质为参考，选出责任感强、有高识解倾向的个体作为权力者。在官员培养与教育方面识解水平的调节作用也可以作为操作与训练的方法，锻炼权力者的高识解思维，提高宏观整体思维水平，促进权力的公平运用。

鉴于现实中权力行使的重要影响，权力者如何建构权力可能会对社会事务的解决、公共管理的效果和水平，乃至社会公平和正义起到重要的影响作

用。公共资源的分配与现实生活中的社会成员的利益和社会的和谐稳定密切相关。目前,中国社会、中国经济和中国的企业组织都处于转型期,诸多的不确定性使人们越发关注转型过程中的资源分配问题。关系、权力与分配都是在现实社会生活中重要而又敏感的词汇,尤其是在中国的文化背景下。儒家的传统文化思想强调内外有别,长幼有序,关系的不同会导致行为方式的完全不同(翟学伟,1999)。而作为高权力距离的国家,权力特征也是影响行为的重要因素。权力与关系对社会分配和公平的影响,在中国背景下似乎是一个习以为常的现象、不证自明的事实,因而研究者并没有对这三者间的关系做特别的关注。然而,正是由于现象的普遍性,厘清权力、关系与分配间的作用关系,以及具有影响作用的情境条件才显得更加必要。

8.6.3 促进权力与公平,降低权力导致的腐败

权力与公平一直是社会关注的热点话题,如何促使权力者更公平有效地管理社会事务不仅是社会学、政治学、管理学、经济学、心理学等领域学者关注的问题,更是与人们的日常生活息息相关。本研究证明权力感和识解水平会影响权力与公平之间的关系,权力责任感产生更为公平的分配,高识解促进权力责任感,进而提高分配公平;而控制感产生不公平的分配,低识解促进权力控制感,降低分配公平。两种权力感导致不同行为结果的研究结论在现实生活中也有重要的应用价值,在权力与公平的关系上,如果能够强调或诱发权力的责任感,则可能导致公平的亲社会结果,有助于抑制腐败。而识解水平的调节作用是改变权力感和分配公平的方法之一。

霍布斯认为,人的本性有自私、追逐利益、邪恶的一面,但人生来也具有同情心和对幸福生活的渴望(吕鹏,2014)。作为社会核心的权力集团,其行为代表着整个社会的意志,权力的行为是追求一个好的、道德的社会,或者只是将权力作为行动的工具,为自己所用,都对整个社会以及社会中的群体、个体有着指向性的影响。在西方,学者们普遍把权力理解为支配控制,对权力责任的探究则相对较少。本研究结果表明,权力责任与控制存在识解水平差异,权力责任会比权力控制产生更为公平的分配决策,从而说明了权力责任的重要性,同时引发我们从另外一个角度思考东西方文化价值观的差异与比较的问题。

众所周知,西方的个体主义价值观与东方的集体主义价值观在许多方面存在着差异,而当前愈来愈频繁、深入的经济、文化等的交流对双方都产生了不可估量的影响。对于我国来说,当前东西方文化的交流和冲突产生了很多新

的社会现象和问题，人们关注自我的感受，强调自我的实现、平等自主，从提高个体自信、维持权益、健全制度、开拓创新等角度有一定的积极意义，但一些对人对己不负责任、为个体或小群体利益违背社会规范等现象也大量发生。东方文化的权力建构即使不是具有更高的识解水平，也是在更多地考虑社会背景信息以及对他人的影响的情境下思考问题的，因而可能会有更高级的社会规范的行为产生。责任是高识解水平的概念，从更高的社会准则水平考虑问题会导致更社会化的行为。根据本研究的结果，权力人如果在更高的识解水平上思考权力，会导致更为公平的决策；而如果更多地思考为什么要获得权力支配地位，则会导致极不公平的决策。当前，权力者贪污腐败问题严重、社会不公问题突出，很大程度上受到价值观念的影响，过于关注自我的权力自由和控制，为个人利益或小群体利益而损害社会公共利益，从而忽视社会规范与责任。

权力同时具有道德性和自利性（吕鹏，2014）。腐败的本质是不公：或因自己私利而侵害公利，或不公平地对待他人、不公平地分配资源。古今中外，权力导致的腐败一直都广泛存在，而不同文化对此问题的解决方式不尽相同。一种是向外的制度寻求，通过民主监督、法制惩戒的问责保证权力行使的公平性；一种是向内的自我修为，通过道德约束、社会规范的内化提高权力行使的公平性。前者是通过问责的机制提升责任感，后者是通过权力应为之事、他人关注的内在要求提升责任感。这两种方式都会带来权力与公平的积极关联。而识解水平的调控，也可以影响权力感和权力行为，因此也可以作为一种操作方法提升权力与公平。

在权力与关系的分配上，台湾社会学家文崇一提出，在中国社会，特别是传统中国社会的政治体系中，亲属和权力表面上是两个不同的范畴，实际却是在一个范畴中运作。家族与权力之间一直是互相支援，形成了一种特权（翟学伟，2004）。有权的人，除了自己享受特权外，还会把权力分享给关系密切的家族和姻亲，由近及远；家族和姻亲也会联合起来分享权力。这已经变成一种习俗或社会规范。这种透过家族和姻亲关系获取或保障既得利益的手段，是权力关系中一种非常奇特的现象。这就是权力分配在中国社会结构中的关键地位，它与亲属结构有着不可分割的关联性。然而，在实验条件中，对亲属关系的权力分享因为权力来源的不同而不同。来源于任命条件下的权力，更容易被视为一种个人的资源，在行使权力时更加随意，对亲属关系给予更多权力分享的利益（分配资金较多）。而当权力来源于推举时，对亲属分享权力利益的趋势明显下降。根据本研究的结果，如果强调权力来源的推举，会引发权力使用者的责任意识，能够有效地降低对家人和领导的权力分享，提高分配公平程度。Anderson 和 Berdahl（2002）、Kipnis（1972，1976）、Gruenfeld（1995）、Hecht 和 LaFrance（1998）以及很多学者等都验证了权力导致腐败的假设，但通过本实验的研究结果，通过控制权力运用的情境性，如强调"权为民所赋"的权力来源，可以有效降低腐败。这为更好地实践现实中的社会管理与分配问题提供了依据。

8.7 本研究的不足和未来研究展望

本研究虽然提出了两种权力感这一概念，并验证了权力感和识解水平在权力与公平之间的作用机制，但是权力感、识解水平与公平之间的关系还有很多问题值得进一步探索。比如，权力控制与权力责任两种权力感，究竟是相对立的两个维度，还是同一事物的两极？本研究倾向于将两者看成同一事物的两个维度，因为权力感的测量会同时出现控制感高和责任感高的情况，而未必是此消彼长的关系。因此，从权力感的角度，应该视为一个事物的两个类别。但是如果分别来看，权力控制与权力责任也有可能是两个不同的事物。两种权力感识解水平存在差异，如果将责任视为在权力控制感产生后，由于外界条件的影响变化，而在其后产生的调节效应，研究结果似乎也可以解释得通。本研究中两种权力感模型拟合数据并不完美，也在一定程度上提升了这种可能。因此，在权力控制感与权力责任感的关系上，还可以有进一步的研究来探讨他们之间真实的关系。

本研究存在的另外一个问题是，文中多次提及东西方文化差异，并作为理论依据的一部分，但是在本研究中，并没有真正进行文化差异的检验。本研究的主体内容是由东方文化背景下的中国大学生被试来完成的，是属于同一文化背景下的被试，由于实验条件的限制，我们很难找到对应的西方文化背景下的被试来进行同样的操作以检验两者之间的差异。这给我们部分研究结论的推广带来一定的限制。而且，大学生被试本身对权力行为的理解可能也不够真实和深刻，因此在生态效度上有一定的缺陷。在今后的研究中，可以真正采用跨文化比较的方法，在大范围内选取多样化的样本构成，扩大被试样本类型和代表性，在多个层面进行细致的跨文化比较研究，真正深入地探讨权力现象和权力感受东西方文化差异是否真正存在。

在研究变量的选取上，本研究主要选取以往研究中已经证明的与权力行为有关的变量作为自变量，考察权力感和识解水平的中介和调节作用。但实际上，与权力有关的变量——无论是权力人个体变量，还是权力特征变量，还是权力情境变量——是非常之多的，研究中所选取的只是有限的几个，并不能够很好地保证研究结论的全面性，因而也有可能影响研究结果的准确性和稳定性。在今后的研究中可以从更多的角度选取更多的有代表性的变量，检验权力感与识解水平作用的稳定性和可靠性。

本论文主要采用了虚构的情景模拟的方法探讨权力感和识解水平在权力与公平之间的作用，被试以假想的模拟情境和角色扮演完成分配的过程，尤其是研究三主要是以问卷形式完成实验过程，被试的代入感相对较弱，其情境的真实性受到一定影响，进而可能影响到结果的可靠性。被试可能更会按照"应然"的准则选择行为结果，而非"实然"如此。研究四尽管采用了情境实验范式，在情境的真实程度上与研究三相比有一定的提高，但在实验过程中依然是采用模拟角色，要求被试尽可能地想象分配对象的真实性，这可能在一定程度上影响了研究的内在效度，而且采用学生被试模拟权力角色能否真正体现出权力者的心理行为特点值得商榷。在今后的研究中可以采用更为真实有效的实验情境，或者以更具生态效度的现场试验和真实情况调查的方法，直接以现实社会生活中的权力者为研究对象，更深入地检验和挖掘我们的理论模型，以提高研究的内部效度和生态效度。

当前，对权力行为、责任行为以及识解水平等方面的研究都已研究到对应的脑区、神经机制水平，本研究中涉及的变量都有相对应的脑区机制（马庆国，2009）。本研究的结果也可以从神经机制角度再加以验证，检验神经机制层面的结果会与本研究的结果一致还是不同。权力行为的具身认知研究也取得了丰富的成果，权力控制感与责任感从具身认知的视角来说，是否也会有相同的反应，还是差异的反应？这些都可以通过后续的研究进行探讨。

参考文献

[1] AKERLOF G A. Social distance and social decisions[J]. Econometrica, 1997, 65(5): 1005–1027.

[2] ALTWMEYER B. Advances in experimental social psychology[M]. San Diego, CA: Academic Press, 1998: 48–92.

[3] BEISSWANGER A H. STONE E R, HUPP J M, et al., Risk taking in relationships: Differences in deciding for oneself versus for a friend[J]. Basic and Applied Social Psychology, 2003, 25(2):121–135.

[4] ANDERSON C, BERDAHL J L. The experience of power: Examining the effects of power on approach and inhibition tendencies[J]. Journal of Personality & Social Psychology, 2002, 83(6): 1362–1377.

[5] ANDERSON C, GALINSKY A D. Power, optimism, and risk-taking[J]. European Journal of Social Psychology, 2006, 36(4): 511–536.

[6] ANDERSON C, KILDUFF G J. Why do dominant personalities attain influence in face-to-face groups? The competence-signaling effects of trait dominance[J]. J Pers Soc Psychol, 2009, 96(2): 491–503.

[7] ANDERSON C, JOHN O P, KELTNER D. The personal sense of power[J]. J Pers, 2012, 80(2): 313–344.

[8] ANDERSON C, JOIN O P, KELTNER D, et al.Who attains social status? Effects of Personality and physical attractiveness in social groups[J]. Journal of Personalty and Social Psychology, 2001, 81(1): 116–132.

[9] AUSTIN W. Friendship and fairness: Effects of type of relationship and task Performance on choice of distribution rules[J]. Personality and Social Psychology Bulletin, 1980, 6(3): 402-408.

[10] BAR-ANAN Y, LIBERMAN N, TROPE Y. The association between psychological distance and construal level: evidence from an implicit association test[J]. J Exp Psychol Gen, 2006, 135(4): 609-622.

[11] BARGH J A, RAYMOND P, PRYOR J B,et al. Attractiveness of the underling: An automa tic power-sex association and its consequence s for sexual harassment and aggression[J]. Journal of Personality and Social Psychology, 1995, 68(5): 768-781.

[12] BARRETT-HOWARD E, TYLER T R, BARRETT-HOWARD E. Procedural justice as a criterion in allocation decisions[J]. Journal of Personality and Social Psychology, 1986, 50(2): 296-304.

[13] BERDAHL J L, MARTORANA P. Effects of power on emotion and expression during a controversial group discussion[J]. European Journal of Social Psychology, 2006, 36(4): 497-509.

[14] BLADER S L, CHEN Y R. Differentiating the effects of status and power: A justice perspective[J]. journal of Personality and Social Psychology, 2012, 102(5): 994-1014.

[15] BROCKNER J, ACKERMAN G, GREENBERG J, et al. Culture and procedural justice: The influence of power distance on reactions to voice[J]. Journal of Experimental Social Psychology, 2001, 37(4): 300-315.

[16] BROWN M A. The power of generosity to change views on social power[J]. Journal of Experimental Social Psychology, 2011, 47(6): 1285-1290.

[17] BRUINS J. Social power and influence tactics: A theoretical introduction[J]. Journal of Social Issues, 1999, 55(1): 7-14.

[18] BRUINS J J, WILKE H A M. Cognitions and behaviour in a hierarchy: Mulder's power theory revisited[J]. European Journal of Social Psychology, 1992, 22(1): 21-39.

[19] BUSSEY K, BANDURA A. Influence of gender constancy and social power on sex-linked modeling[J]. Journal of Pcnonaluy and Social Psychology.1984, 47(6): 1292-1302.

[20] CARPENTER J P. Is fairness used instrumentally? Evidence from sequential bargaining[J]. Journal of Economic Psychology, 2003, 24(4): 467-489

[21] CASSIDY K D, QUINN K A, HUMPHREYS G W. The influence of ingroup/outgroup categorization on same- and other-race face processing: The moderating role of inter- versus intra-racial context[J]. Journal of Experimental Social Psychology, 2011, 47(4): 811-817.

[22] CEHAJIC S, BROWN R, GONZALEZ R. What do I Care? Perceived Ingroup Responsibility and Dehumanization as Predictors of Empathy Felt for the Victim Group[J]. Group Processes & Intergroup Relations, 2009, 12(6): 715-729.

[23] CHARLES D SAMUELSON C D, MESSICK D M. Alternative structural solutions to resource dilemmas[J]. Organizational Behavior and Human Decision Processes, 1986, 37(1): 139-155.

[24] CHARLES D. SAMUELSON C D, ALLISON S T. Cognitive factors affecting the use of social decision heuristics in resource-sharing tasks[J]. Organizational Behavior and Human Decision Processes, 1994, 58(1): 1-27.

[25] CHARNESS G, GNEEZY U. What's in a name? Anonymity and social distance in dictator and ultimatum games[J]. Journal of Economic Behavior & Organization, 2008, 68(1): 29-35.

[26] CHEN S, LEE-CHAI A Y, BARGH J A. Relationship oritation as a moderator of socoal powe[J]. Journal of Personality and Social Psychology, 2001, 80(2): 173.

[27] CHEN X P, LI S. Cross-national differences in cooperative decision-making in mixed-motive business contexts: the mediating effect of vertical and horizontal individualism[J]. Journal of International Business Studies, 2005, 36(6): 622-636.

[28] CHEN Y, FRIEDMAN R, YU E, et al. Supervisor-subordinate guanxi: Developing a three-dimensional model and scale[J]. Management and Organization Review, 2009, 5(3): 375-399.

[29] CHIOU J S. Horizontal and vertical individualism and collectivism among college students in the United States, Taiwan, and Argentina[J]. J Soc Psychol, 2001, 141(5): 667-678.

[30] CHO Y, FAST N J. Power, defensive denigration, and the assuaging effect of gratitude expression[J]. Journal of Experimental Social Psychology, 2012, 48(3): 778-782.

[31] CLARK M S, DUBASH P, MILLS J. Interest in another's consideration of one's needs in communal and exchange relationships[J]. Journal of Experimental Social Psychology,1998,34(3): 246-264

[32] COTE S, KRAUS M W, CHENG B H, et al. Social power facilitates the effect of prosocial orientation on empathic accuracy[J]. J Pers Soc Psychol,2011, 101(2): 217-232.

[33] CRYDER C E, LOEWENSTEIN G. Responsibility: The tie that binds[J]. Journal of Experimental Social Psychology, 2012, 48(1): 441-445.

[34] CREMER D. How self-conception may lead to inequality: Effect of hierarchical roles on the equality rule in organizational resource-sharing tasks[J]. Group & Organization Management, 2003, 28(2): 282-302.

[35] CREMER D, DIJK E. When and why leaders put themselves first: leader behaviour in resource allocations as a function of feeling entitled[J]. European Journal of Social Psychology, 2005, 35(4): 553-563.

[36] DECELLES K A, DERUE D S, MARGOLIS J D, et al. Does power corrupt or enable? When and why power facilitates self-interested behavior[J]. J Appl Psychol, 2012, 97(3): 681-689.

[37] DECREMER D, VANLANGE P A M. Why prosocials exhibit greater cooperation than proselfs: The roles of social responsibility and reciprocity[J]. European Journal of Personality,2001, 15(S1): S5-S18.

[38] DÉPRET E, FISKE S T. Perceiving the powerful: Intriguing individuals versus threatening groups[J]. Journal of Experimental Social Psychology, 1999, 35(5): 461-480.

[39] DEWALL C N, BAUMEISTER R F, MEAD N L, et al. How leaders self-regulate their task performance: evidence that power promotes diligence, depletion, and disdain[J]. J Pers Soc Psychol, 2011, 100(1): 47-65.

[40] DOVIDIO J F, ELLYSON S L, KEATING C F, et al. The relationship of social power to visual displays of dominance between men and women[J]. Journal of Personality and Social Psychology, 1988, 54(2): 233-24.

[41] DREU C K W D, BOLES T L. Share and share alike or winner take all?: The influence of social value orientation upon choice and recall of negotiation heuristics[J]. Organizational Behavior And Human Decision Processes, 1998, 76(3): 253-276.

[42] DUBOIS D, RUCKER D D, GALINSKY A D. Social class, power, and selfishness: when and why upper and lower class individuals behave unethically[J]. J Pers Soc Psychol, 2015, 108(3): 436-449.

[43] DUCKITT J, WAGNER C, PLESSIS I, et al. The psychological bases of ideology and prejudice: Testing a dual process model[J]. Journal of Personality and Social Psychology, 2002, 83(1): 75-93.

[44] DUCKITT J. Differential effects of right wing authoritarianism and social dominance orientation on outgroup attitudes and their mediation by threat from and competitiveness to outgroups[J]. Personality & Social Psychology Bulletin, 2006, 32(5): 684-696.

[45] EEK D, GÄRLING T. Prosocials prefer equal outcomes to maximizing joint outcomes[J]. British Journal of Social Psychology, 2006, 45(2): 321-337.

[46] MANNIX E A, NEALE M A, NORTHCRAFT G B. Elizabeth a mannix, equity, equality, or need? The Effects of organizational culture on the allocation of benefits and burdens[J]. Organizational Behavior and Human Decision Processes, 1995, 63(3): 276-286.

[47] EMERSON R M. Power dependence relations[J]. American Sociological Review, 1962, 27: 31-41.

[48] EMERSON R M. Social Exchange Theory[J].Annual Review of Sociology, 1976,2: 335-362.

[49] EVELAND W P, NATHANSON A I, DETENBER B H, et al. Rethinking the social distance corollary: Perceived likelihood of expsoure and the third-person perception[J]. communication research, 1999, 26(3): 275-302.

[50] FALBO T, PEPLAU L A. Power strategies in intimate relationships[J]. Journal of Personality and Social Psychology, 1980, 38(4): 618-628.

[51] FAST N J, HALEVY N, GALINSKY A D. The destructive nature of power without status[J]. Journal of Experimental Social Psychology, 2012, 48(1): 391-394.

[52] FERNANDEZ-DUQUE D, WIFALL T. Actor/observer asymmetry in risky decision making[J]. Judgment and Decision Making, 2007, 2(1): 1-8.

[53] FISKE S T. Controlling other people: The impact of power on stereotyping[J]. American Psychologist, 1993, 48(6): 621-628.

[54] FODOR E M. The power motive, group conflict, and physiological arousal[J]. Journal of Personality and Social Psychology, 1985, 49(5): 1408–1415.

[55] FENTON-O'CREEVYM. Organizational justice and humane resource management[J]. British Journal of Industrial Relations, 1998, 37(37): 517–518.

[56] FRENCH J, RAVEN B. The bases of social power[M]// CARTWRIGHT D. Studies in social power. Ann Arbor: University of Michigan, 1959.

[57] GALINSKY A D, GRUENFELD D H, MAGEE J C. From power to action[J]. Journal of Personality and Social Psychology, 2003, 85(3): 453–466.

[58] GALINSKY A D, MAGEE J C, GRUENFELD D H, et al. Power reduces the press of the situation: implications for creativity, conformity, and dissonance[J]. J Pers Soc Psychol, 2008, 95(6): 1450–1466.

[59] COWAN G, DRINKARD J, MACGAVIN L. The Eflfects of target, age, and gender on use of power strategies[J]. Journal of Rcraooality and Social Ptyctology. 1984, 47(6): 1391–1398.

[60] GOODSTADT B E, HJELLE L A. Power To The Powerless: Locus Of Control And The Use Of Power[J]. Journal of Personality and Social Psychology, 1973, 27(2): 190–196.

[61] GRENNBERG J. Effects of reward value and retaliative power on allocation decisions: Justice, generosity, or greed?[J]. Journal of Personality and Social Psychology 1978, 36(4): 367–379.

[62] GRUENFELD D H, INESI M E, MAGEE J C, et al. Power and the objectification of social targets[J]. J Pers Soc Psychol, 2008, 95(1); 111–127.

[63] GUIMOND S, DAMBRUN M, MICHINOV N, et al. Does social dominance generate prejudice? Integrating individual and contextual determinants of intergroup cognitions[J]. Journal of Personality and Social Psychology, 2003, 84(4): 697–721.

[64] GUINOTE A. Power and affordances: When the situation has more power over powerful than powerless individuals[J]. Journal of Personality and Social Psychology, 2008, 95(2): 237–252.

[65] GUINOTE A., WILLIS G B. MARTELLOTTA C. Social power increases implicit prejudice[J]. Journal of Experimental Social Psychology, 2010, 46(2): 299–307.

[66] GWINN J D, JUDD C M, PARK B. Less power = less human? Effects of power differentials on dehumanization[J]. Journal of Experimental Social Psychology, 2013, 49(3): 464–470.

[67] HANDGRAAF M J J, ERIC V D, VERMUNT R C, et al. Less power or powerless? Egocentric empathy gaps and the irony of having little versus no oower in social decision making[J]. Journal of Personality and Social Psychology, 2008, 95(5): 1136–1149.

[68] HENDERSON M D. When seeing the forest reduces the need for trees: the role of construal level in attraction to choice[J]. Journal of Experimental Social Psychology, 2013, 49(4): 676–683.

[69] HING L S, BOBOCEL D R, ZANNA M P, et al. Authoritarian dynamics and unethical decision making: High social dominance orientation leaders and high right-wing authoritarianism followers[J]. Journal of Personality and Social Psychology, 2007, 92(1): 67–82.

[70] HOFER J, BUSCH H, BOND M H, et al. The implicit power motive and sociosexuality in men and women: Pancultural effects of responsibility[J]. Journal of Personality and Social Psychology, 2010, 99(2): 380–394.

[71] HORNSEY M J, SPEARS R, CREMERS I, et al. Relations between high and low power groups: The importance of legitimacy[J]. Personality and Social Psychology Bulletin, 2003, 29(2): 216–227.

[72] HOSFSTED E G. Motivation, Leadership and Organization: Do American Theories Apply A broad [J]. Organization Dynamics, 1980, 8(2): 42–63.

[73] HOWARD E S, GARDNER W L, THOMPSON L. The role of the self-concept and the social context in determining the behavior of power holders: self-construal in intergroup versus dyadic dispute resolution negotiations[J]. J Pers Soc Psychol, 2007, 93(4): 614–631.

[74] HOYT W T, FINCHAM F D, MCCULLOUGH M E, et al. Responses to interpersonal transgressions in families: Forgivingness, forgivability, and relationship-specific effects[J]. Journal of Personality and Social Psychology, 2006, 89(3): 375–394.

[75] HUIWEN L, LANCE F D, BROWN D J. Does power distance exacerbate or mitigate the effects of abusive supervision? It Depends on the Outcome[J]. Journal of Applied Psychology, 2012, 97(1): 107–123.

[76] ITOH H, KIKUTANI T, HAYASHIDA O. Complementarities among authority, accountability, and monitoring: Evidence from Japanese business groups[J]. Journal of the Japanese and International Economies, 2008, 22(2): 207-228.

[77] HOFER J, BUSCH H, BOND M H, et al.The implicit power motive and sociosexuality in men and women: Pancultural effects of responsibility[J]. journal of personality and social psychology, 2010, 99(2): 380-394.

[78] OVERBECK J R, PARK B. When power does not corrupt: Superior individuation processes among powerful perceivers[J]. Journal of Personality and Social Psychology, 2001, 81(4): 549-565.

[79] KIMMERLE J, WODZICKI K, JARODZKA H, et al. Value of information, Behavioral guidelines, and social value orientation in an information-exchange dilemma[J]. Group Dynamics Theory Research,and Practice, 2011, 15(2): 173-186.

[80] HOWARD J A, BLUMSTEIN P, SCHWARTZ P. Sex, Power, and Influence Tactics in Intimate Relationships[J]. Journal of Personality and Social Psychology, 1986, 51(1): 102-109.

[81] KAMEDA T, TSUKASAKI T, HASTIE R, et al. Democracy under uncertainty: the wisdom of crowds and the free-rider problem in group decision making[J]. Psychol Rev, 2011, 118(1): 76-96.

[82] KELLEY H H, STAHELSKI A J. Social interaction basis of cooperators\ "and competitors\" beliefs about others[J]. Journal of Personality and Social Psychology, 1970, 16(1): 66-91.

[83] KELTNER D, GRUENFELD D H, ANDERSON C. Power, approach, and inhibition[J]. Psychological Review, 2003, 110(2): 265-284.

[84] KESHET S, KARK R, POMERANTZ-ZORIN L, et al. Gender, status and the use of power strategies[J]. European Journal of Social Psychology, 2006, 36(1): 105-117.

[85] KIM P H, PINKLEY R L, FRAGALE A R. Power dynamics In negotiation[J]. Academy of Management Review, 2005, 30(4): 799-822.

[86] KIPNIS D. Does power corrupt?[J].Journal of Personality and Social Psychology,1972, 24(1): 33-41.

[87] KOPELMAN S. The effect of culture and power on cooperation in commons dilemmas: Implications for global resource management[J]. Organizational Behavior and Human Decision Processes, 2009,108(1): 153–163.

[88] KOSLOWSKY M, SCHWARZWALD J. The use of power tactics to gain compliance: Testing aspects of raven's(1988)theory in conflictual situations[J]. Social Behavior & Personality An International, 1993, 21(2): 135–143.

[89] KTEILY N S, SIDANIUS J, LEVIN S. Social dominance orientation: Cause or 'mere effect'?: Evidence for SDO as a causal predictor of prejudice and discrimination against ethnic and racial outgroups[J]. Journal of Experimental Social Psychology, 2011, 47(1): 208–214.

[90] KTEILY N, HO A K, SIDANIUS J. Hierarchy in the mind: The predictive power of social dominance orientation across social contexts and domains[J]. Journal of Experimental Social Psychology, 2012, 48(2): 543–549.

[91] LAHAM S M, TAM T, LALLJEE M, et al. Respect for persons in the intergroup context: Self--other overlap and intergroup emotions as mediators of the impact of respect on action tendencies[J]. Group Processes & Intergroup Relations, 2009, 13(3): 301–317.

[92] LAMM H, SCHWINGER T. Norms concerning distributive justice: are need taken into consideration in allocation dicisions[J]. social psychology Quarterly, 1980, 43(4): 425–429.

[93] LAMMERS J, STAPEL D A. How power influences moral thinking[J]. J Pers Soc Psychol, 2009, 97(2): 279–289.

[94] LAMMERS J, STAPEL D A. Power increases dehumanization. Group Processes & Intergroup Relations, 2010, 14(1): 113–126.

[95] LAMMERS J, GALINSKY A D, GORDIJN E H, et al. Illegitimacymoderates the effects of power on approach[J]. Psychological Science, 2008, 19(6): 558–564.

[96] LAMMERS J., GORDIJN E H, & OTTEN S. Looking through the eyes of the powerful[J]. Journal of Experimental Social Psychology, 2008, 44(5): 1229–1238.

[97] LAMMERS J., STOKER J I, STAPEL D A. Differentiating social and personal power: opposite effects on stereotyping, but parallel effects on behavioral approach tendencies[J]. Psychol Sci, 2009, 20(12): 1543–1549.

[98] LANGE P V. The Pursuit of joint outcomes and equality in outcomes[J]. Journal of Personality and Social Psychology, 1999, 77(2): 337-349.

[99] PETERSEN L E, DIETZ J. Employment discrimination: Authority figures' demographic preferences and followers' affective organizational commitment[J]. Journal of Applied Psychology, 2008, 93(6): 1287-1300.

[100] LERNER J S, TETLOCK P E. Accounting for the effects of accountability[J]. Psychological Bulletin, 1999, 125(2): 255 - 275.

[101] LEUNG K, BOND M H. The Impact of Cultural Collectivism on Reward Allocation[J]. Journal of Personality and Social Psychology 1984, 47(4): 793-804.

[102] LI Z, WANG L, SHI J, et al. Support for exclusionism as an independent dimension of social dominance orientation in mainland China[J]. Asian Journal Of Social Psychology, 2006, 9(3): 203-209.

[103] LIBERMAN V, SAMUELS S M, ROSS L. The name of the game: predictive power of reputations versus situational labels in determining prisoner's dilemma game moves[J]. Pers Soc Psychol Bull, 2004, 30(9): 1175-1185.

[104] LIPPA R, ARAD S. Gender, personality, and prejudice: The display of authoritarianism and social dominance in interviews with college men and women[J]. Journal of Research in Personality, 1999, 33:(4): 463-493.

[105] MAGEE J C, GALINSKY A D. Social hierarchy: The self-reinforcing nature of power and status[J]. Academy of Management Annals, 2008. 2: 351-398.

[106] MAGEE J C, LANGNER C A. How personalized and socialized power motivation facilitate antisocial and prosocial decision-making. Journal of Research in Personality, 2008, 42(6): 1547-1559.

[107] MAGEE J C, MILLIKEN F J, LURIE A R. Power differences in the construal of a crisis: the immediate aftermath of September 11, 2001[J]. Pers Soc Psychol Bull, 2010, 36(3): 354-370.

[108] MANER J K, MEAD N L. The essential tension between leadership and power: When leaders sacrifice group goals for the sake of self-interest[J]. Journal of Personality and Social Psychology, 2010, 99(3): 482 - 497

[109] MANER J K, GAILLIOT M T, BUTZ D A, et al. Power, risk, and the status quo: does power promote riskier or more conservative decision making?[J]. Pers Soc Psychol Bull, 2007, 33(4): 451-462.

[110] MARCH J. A primeron decision-making: How decisions happen[M]. NewYork: FreePress, 1994.

[111] CLARKAM S, MILLS J. Interpersonal attraction in exchange and communal relationships[J]. Journal of Personality and Social Psychology 1979, 37(1): 12-24

[112] MASLOW A H. Dominance-feeling, behavior, and status[J]. Psychological Review, 1937, 44(5): 404-429.

[113] MCCLELLAND D C. Power: The inner experience[M]. New York: Irvingto, 1975.

[114] MEAD N L, MANER J K. On keeping your enemies close: powerful leaders seek proximity to ingroup power threats[J]. J Pers Soc Psychol, 2012, 102(3): 576-591.

[115] MENON T, SIM J, FU J H-Y, et al. Blazing the trail versus trailing the group: Culture and perceptions of the leader's position[J]. Organizational Behavior and Human Decision Processes, 2010, 113(1): 51-61.

[116] MOOIJMAN M, VAN DIJK W V, ELLEMERS N, et al. Why leaders punish: A power perspective[J]. J Pers Soc Psychol, 2015, 109(1): 75-89.

[117] MOORE D A, KLEIN W M P. Use of absolute and comparative performance feedback in absolute and comparative judgments and decisions[J]. Organizational Behavior and Human Decision Processes, 2008, 107(1): 60-74.

[118] NAN X. Social distance, Framing, and judgment: a construal level perspective[J]. Human Communication Research, 2010, 33(4): 489-514.

[119] NG K Y, KOH C, ANG S, et al. Rating leniency and halo in multisource feedback ratings: testing cultural assumptions of power distance and individualism-collectivism[J]. J Appl Psychol, 2011, 96(5): 1033-1044.

[120] OLDMEADOW J A, FISKE S T. Social status and the pursuit of positive social identity: Systematic domains of intergroup differentiation and discrimination for high- and low-status groups[J]. Group Process Intergroup Relat, 2010, 13(4): 425-444.

[121] OYSERMAN D, COON H M, KEMMELMEIER M. Rethinking individualism and collectivism: Evaluation of theoretical assumptions and meta-analyses[J]. Psychological Bulletin, 2002, 128(1): 3-72.

[122] PAOLINI S, CRISP R J, MCLNTYRE K. Accountability moderates member-to-group generalization: Testing a dual process model of stereotype change[J]. Journal of Experimental Social Psychology, 2009, 45(4): 676-685.

[123] PARK L E, STREAMER L, HUANG L, et al. Stand tall, but don't put your feet up: Universal and culturally-specific effects of expansive postures on power[J]. Journal of Experimental Social Psychology, 2013, 49(6): 965-971.

[124] POLMAN E. Information distortion in self-other decision making[J]. Journal of Experimental Social Psychology, 2010, 46(2): 432-435.

[125] PRATTO F, MALLE B F, STALLWORTH L M, SIDANIUS J. Social dominance orientation: A personality variable predicting social and political attitudes[J]. Journal of Personality and Social Psychology, 1994, 67(4): 741-763.

[126] PRATTO F, SIDANIUS J, STALLWORTH L M, et al. Social Dominance Orientation: Apersonality variable predicting social and political attitudes[J].Journal of Personality and Social Psychology, 1994, 67(4): 741-763.

[127] PRATTO F, SHIH M. Social dominance orientation and group context in implicit group prejudice[J]. Psychological Science, 2000, 11(6): 515-518.

[128] PROBST T M, CARNEVALE P J, TRIANDIS H C. Cultural Values in Intergroup and Single-Group Social Dilemmas[J]. Organizational Behavior and Human Decision Processes, 1999, 77(3): 171-191.

[129] PUURTINEN M, MAPPES T. Between-group competition and human cooperation[J]. Proc Biol Sci, 2009, 276(1655): 355-360.

[130] RUBINI M, MOSCATELLI S, ALBARELLO F, et al. Group power as a determinant of interdependence and intergroup discrimination[J]. European Journal of Social Psychology2007, 37(6): 1203-1221.

[131] RUCKER D D, GALINSKY A D. Conspicuous consumption versus utilitarian ideals: How different levels of power shape consumer behavior[J]. Journal of Experimental Social Psychology, 2009, 45(3): 549-555.

[132] RUS D, KNIPPENBERG D, WISSE B. Leader power and leader self-serving behavior: The role of effective leadership beliefs and performance information[J]. Journal of Experimental Social Psychology, 2001, 46(6): 922-933.

[133] SABINA C C, EFFRON D A, ERAN H, et al. Affirmation, Acknowledgment of In-Group Responsibility, Group-Based Guilt, and Support for Reparative Measures[J]. Journal of Personality and Social Psychology, 2011, 101(2): 256-270.

[134] SASSENBERG K, ELLEMERS N, SCHEEPERS D. The attraction of social power: The influence of construing power as opportunity versus responsibility[J]. Journal of Experimental Social Psychology, 2012, 48(2): 550-555.

[135] SCHEEPERS D, WIT F, ELLEMERS N, et al. Social power makes the heart work more efficiently: Evidence from cardiovascular markers of challenge and threat[J]. Journal of Experimental Social Psychology, 2012, 48(1): 371-374.

[136] MAST M. Interpersonal behaviour and social perception in a hierarchy: The interpersonal power and behaviour model[J]. European Review of Social Psychology, 2010, 21(1): 1-33.

[137] MAST M, JONAS K, HALL J A. Give a person power and he or she will show interpersonal sensitivity: the phenomenon and its why and when[J]. Journal of Personality and Social Psychology, 2009, 97(5): 835-850.

[138] SCHMITT M T, BRANSCOMBE N R, KAPPEN D M. Attitudes toward group-based inequality: Social dominance or social identity?[J]. British Journal of Social Psychology, 2011, 42(pt2): 161-186.

[139] SEDIKIDES C, HERBST K C, HARDIN D P, et al. Accountability as a deterrent to self-enhancement: The search for mechanisms[J]. Journal of Personality and Social Psychology, 2002, 83(3): 592-605.

[140] SEMIN G R, MANSTEAD A S R. The accountability of conduct: A social psychological analysis[M]. NewYork: Academic Press, 1983.

[141] SLIGTE D J, DREU C K W, NIJSTAD B A. Power, stability of power, and creativity[J]. Journal of Experimental Social Psychology, 2011, 47(5): 891-897.

[142] SMITH P K, TROPE Y. You focus on the forest when you're in charge of the trees: power priming and abstract information processing[J]. J Pers Soc Psychol, 2006, 90(4): 578-596.

[143] SMITHP K, WIGBOLDUS D H J, DIJKSTERHUIS A. Abstract thinking increases one's sense of power[J]. Journal of Experimental Social Psychology, 2008, 44(2): 378-385.

[144] SPINK K S, WILSON K S, PRIEBE C S. Groupness and adherence in structured exercise settings[J]. Group Dynamics: Theory, Research, and Practice, 2010, 14(2): 163-173.

[145] STAMPER C L, MASTERSON S S, KNAPP J. A typology of organizational membership: Understanding different membership relationships through the lens of social exchange[J]. Management and Organization Review, 2009, 5(3): 303-328.

[146] KONING U L. The good, the bad and the ugly thing to do when sharing information: Revealing, concealing and lying depend on social motivation, distribution and importance of information[J]. Organizational Behavior and Human Decision, 2010, 13(2): 85-96.

[147] STENNING P C. Accountability for criminal ustice.Toronto, Canada: University of Toronto Press, 1995.

[148] STOUTEN J, CREMER D, DIJK E. I'm doing the best I can(for Myself): Leadership and variance of harvesting in resource dilemmas[J]. Group Dynamics: Theory, Research, and Practice, 2005, 9(3): 205-211.

[149] FISKE S T, DÉPRET E. Control, interdependence and power: Understanding social cognition in its social context[J]. European Review of Social Psychology, 1996, 7(1): 31-61.

[150] TETLOCK P E. The impact of accountability on judgment and choice: Toward a social contingency model[J]. Advances in Experimental Social Psychology, 1992, 25: 331-376.

[151] THOMSEN L, GREEN E G T, SIDANIUS J. We will hunt them down: How social dominance orientation and right-wing authoritarianism fuel ethnic persecution of immigrants in fundamentally different ways[J]. Journal of Experimental Social Psychology, 2008, 44(6), 1455-1464.

[152] THYE S R. A status value theory of power in exchange relations[J]. American Sociological Review, 2000, 65(3): 407-432.

[153] TORELLI C J, SHAVITT S. Culture and concepts of power[J]. J Pers Soc Psychol, 2010, 99(4): 703-723.

[154] TORELLI C J, SHAVITT S. The impact of power on information processing depends on cultural orientation[J]. Journal of Experimental Social Psychology, 2011, 47(5): 959-967.

[155] TROPE L, LIBERMAN N. Temporal construal[J]. Psychological Review, 2003, 110(3): 403–421.

[156] TROPE L, LIBERMAN N. Construal-level theory of psychological distance[J]. Psychological Review, 2010, 117(2): 440–463.

[157] TROPE Y, LIBERMAN N, WAKSLAK C J. Construal levels and psychological distance: Effects on representation, prediction, evaluation, and behavior[J]. Journal of Consumer Psychology, 2007, 17(2): 83–95.

[158] TURNER J C. Explaining the nature of power: a three-process theory[J]. European Journal of Social Psychology, 2005, 35(1): 1–22.

[159] BUGENTAL D B, BEAULIEU D A, SCHWARTZ A, et al. Domain-specific responses to power-based interaction[J]. Journal of Experimental Social Psychology, 2009, 45(2): 386–391.

[160] UTZ S, OUWERKERK J W, P A M V. What is smart in a social dilemma? Differential effects of priming competence on cooperation[J]. European Journal of Social Psychology, 2004, 34(3): 317–332.

[161] VALLACHER R R, WEGNER D M. Levels of personal agency: Individual variation in action identification[J]. Journal of Personality and Social Psychology, 1989, 57(4), 660–671.

[162] BERGH B, DEWITTE S, CREMER D. Are prosocials unique in their egalitarianism? The pursuit of equality in outcomes among individualists[J]. Personality and Social Psychology Bulletin, 2006, 32(9): 1219–1231.

[163] BOS K, BROCKNER J, OUDENALDER M V D, et al. Delineating a method to study cross-cultural differences with experimental control: The voice effect and countercultural contexts regarding power distance[J]. Journal of Experimental Social Psychology, 2013, 49(4): 624–634.

[164] TOORN J, TYLER T R, JOST J T. More than fair: Outcome dependence, system justification, and the perceived legitimacy of authority figures[J]. Journal of Experimental Social Psychology, 2011, 47(1): 127–138.

[165] DIJK E, WILKE H, WIT A. Preferences for leadership in social dilemmas: Public good dilemmas versus common resource dilemmas[J]. Journal of Experimental Social Psychology, 2003, 39(2): 170–176.

[166] DIJK E, WILKE H. Decision-induced focusing in social dilemmas: Give-some, keep-some, take-some, and leave-some dilemmas[J]. Journal of Personality and Social Psychology, 2000, 78(1): 92-104.

[167] DIJK E, CREMER D, HANDGRAAF M J J. Social value orientations and the strategic use of fairness in ultimatum bargaining[J]. Journal of Experimental Social Psychology, 2004, 40(6): 697-707.

[168] DIJK M, POPPE M. Striving for personal power as a basis for social power dynamics[J]. European Journal of Social Psychology, 2006, 36(4): 537-556.

[169] KLEEF G A, HOMAN A C, FINKENAUER C, BLAKER N M, et al. Prosocial norm violations fuel power affordance[J]. Journal of Experimental Social Psychology, 2012, 48(4): 937-942.

[170] SWOL L M. Factors affecting decision makers' preference for unshared information[J]. Group Dynamics: Theory, Research, and Practice, 2009, 13(1): 31-45.

[171] VESCIO T K, GERVAIS S J, SNYDER M, et al. Power and the creation of patronizing environments: the stereotype-based behaviors of the powerful and their effects on female performance in masculine domains[J]. J Pers Soc Psychol, 2005, 88(4), 658-672.

[172] VUGT M V, CREMER D D. Leadership in social dilemmas: The effects of group identification on collective actions to provide public goods[J]. Journal of Personality and Social Psychology, 1999, 76(4): 587-599.

[173] VUOLEVI J H K, LANGE P A M. Beyond the information given: The power of a belief in self-interest[J]. European Journal of Social Psychology, 2010, 40(1): 26-34.

[174] WINTER D G. Scoring scoring system for responsibility [M] // SMITH C P. Motivation and personality. Cambridge: Cambridge University Press, 1992: 506-512.

[175] WAKSLAK C J, TROPE Y, LIBERMAN N, et al. Seeing the forest when entry is unlikely: probability and the mental representation of events[J]. J Exp Psychol Gen, 2006, 135(4): 641-653.

[176] WEBER J M, KOPELMAN S, MESSICK D M. A conceptual review of decision making in social dilemmas: applying a logic of appropriateness[J]. Pers Soc Psychol Rev, 2004, 8(3): 281-307.

[177] WEBER M. The theory of social and economic organization. New York: Oxford University Press, 1947.

[178] WENZEL M, JOBLING P. Legitimacy of regulatory authorities as a function of inclusive identification and power over ingroups and outgroups[J]. European Journal of Social Psychology, 2006, 36(2): 239-258.

[179] WILLIS G B, GUINOTE A, RODRÍGUEZ-BAILÓN, R. Illegitimacy improves goal pursuit in powerless individuals[J]. Journal of Experimental Social Psychology, 2010, 46(2): 416-419.

[180] WINTER D G. The power motive in women-and men[J]. Journal of Personality and Social Psychology, 1998, 54(3): 510-519.

[181] WINTER D G. A motivational model of leadership: Predicting long-term management success from TAT measures of power motivation and responsibility[J]. The Leadership Quarterly, 1991, 2(2): 67-80.

[182] WINTER D G, BARENBAUM N B. Responsibility and the power motive in men and women[J]. Journal of Personality, 2010, 53(2): 335-355.

[183] XIE J L, CHEN Z. Roy J P. Cultural and personality determinants of leniency in self-rating among Chinese people[J]. Management and Organization Review, 2010, 2(2): 181-207.

[184] ZHONG C-B, MAGEE J C, MADDUX W W, et al. Power, Culture, and Action: Considerations in the Expression and Enactment of Power in East Asian and Western Societies[J]. Research on Managing Groups and Team, 2006, 9: 53-73.

[185] ZHOU X, WU Y. Sharing losses and sharing gains: Increased demand for fairness under adversity[J]. Journal of Experimental Social Psychology, 2011, 47(3): 582-588.

[186] 陈碧云, 李小平. 责任观的中西文化比较研究[J]. 心理学探新, 2008, 28(1): 12-15.

[187] 陈海贤. 心理距离对跨期选择和风险选择的影响[D]. 浙江大学, 2012.

[188] 陈海贤, 何贵兵. 识解水平对跨期选择和风险选择的影响[J]. 心理学报, 2011, 43(4), 442-452.

[189] 莫里斯·迪韦尔热. 政治社会学——政治学要素[M]. 杨祖功, 王大东, 译. 北京: 华夏出版社, 1987: 116.

[190] 段锦云,黄彩云.个人权力感对进谏行为的影响机制:权力认知的视角,心理学报,2013, 45(2): 217-230.

[191] 高长丰.中小学生学业责任心量表的编制与实测[M].南京:南京师范大学,2007.

[192] 管延华,迟毓凯,戴金浩.权力对风险决策偏好的影响[J].心理研究,2014, 7(4): 42-47.

[193] 黄俊,李晔,张宏伟.解释水平理论的应用及发展[J].心理科学进展,2015, 23(1): 110-119.

[194] 黄蔷薇.责任关系视角下的儿童责任心发展研究[D].上海:上海师范大学,2009.

[195] 黄小忠,王重鸣.问责研究的主要理论与述评[J].心理研究,2010, 3(5): 52-58.

[196] 姜朝晖.权力论:合法性合理性研究[D].苏州:苏州大学,2005.

[197] 焦石文.中国权力结构转型的哲学研究[D].北京:中共中央党校,2009.

[198] 坎杰米,富阔,佩恩.有效的领导者及其权力的行使,应用心理学,1997, 3(2): 50-54.

[199] 勒维纳斯.上帝·死亡和时间[M].余中先,译.北京:生活.读书.新知三联书店,1997.

[200] 李翠萍.心理学角度的权力感知研究综诉[J].社会心理科学,2013, 28(10): 11-20.

[201] 李丽坤.论权力腐败与权力制约[D].保定:河北大学,2005.

[202] 李明.责任心的多元研究与测量[J].心理学探新,2008, 28(3): 14-17.

[203] 李明,耿进昂.责任意识的社会与文化心理学分析[J].南京师大学报(社会科学版),2010(3): 111-115.

[204] 李明,叶浩生.责任心的多元内涵与结构及其理论整合[J].心理发展与教育,2009, 25(3): 123-128.

[205] 李鹏.社会责任感的认知神经机制研究[D].重庆:西南大学,2012.

[206] 李琼.社会支配倾向、情境因素与偏见的关系研究[D].武汉:华中师范大学,2008.

[207] 李琼,郭永玉.社会支配倾向研究述评[J].心理科学进展,2008, 16(4): 644-650.

[208] 李小平,闫鸿磊,云祥.权力感的启动对内隐和外显暴力态度的影响[J].应用心理学,2014, 20(4): 323-331.

[209] 李小平, 杨晟宇, 李梦遥. 权威人格与权力感对道德思维方式的影响 [J]. 心理学报, 2012, 44(7): 964-971.

[210] 李雪. 中学生社会责任心结构及其发展特点研究 [D]. 重庆: 西南大学, 2004.

[211] 李宇, 王沛, 孙连荣. 中国人社会认知研究的沿革、趋势与理论建构 [J]. 心理科学进展, 2014, 22(11): 1691-1707.

[212] 廖建桥, 赵君, 张永军. 权力距离对中国领导行为的影响研究 [J]. 管理学报, 2010, 7(7): 988-992.

[213] 林锦秀. 大学生对他人行为的责任推断与助人行为——群体关系与情感体验作用分析 [J]. 上海理工大学学报(社科版), 2012, 34(4): 304-309.

[214] 刘邦惠, 彭凯平. 跨文化的实证法学研究: 文化心理学的挑战与贡献 [J]. 心理学报, 2012, 44(3): 413-426.

[215] 刘朝燕. 责任关系视角下的儿童责任行为发展研究 [D]. 上海: 上海师范大学, 2010.

[216] 刘建鸿. 中学生责任心形成机制的研究——从自主性调节的视角 [D]. 上海: 东师范大学, 2009.

[217] 刘长江, 郝芳. 不对称社会困境中社会价值取向对合作的影响 [J]. 心理学报, 2011, 43(4): 432-441.

[218] 刘喆, 梁娟, 刘燕君, 等. 领导执行公正准则的理论基础及影响因素 [J]. 心理科学进展, 2015, 23(7): 1258-1266.

[219] 罗德里克·马丁. 权力社会学 [M]. 丰子义, 张宁, 译. 北京: 生活·读书·新知三联书店, 1992.

[220] 罗素. 权力论 [M]. 靳建国, 译. 北京: 东方出版社, 1988.

[221] 洛德·阿克顿. 自由与权力 [M]. 北京: 商务印书馆, 2001.

[222] 洛克. 政府论 [M]. 北京: 商务印书馆, 1964.

[223] 吕鹏. 权力与道德 [D]. 吉林: 吉林大学, 2014.

[224] 马庆国, 沈强, 李典典, 等. 社会神经经济学: 社会决策和博弈的神经学基础 [J]. 浙江大学学报(人文社科版), 2009, 39(2): 53-63.

[225] 孟德斯鸠. 论法的精神 [M]. 北京: 商务印书馆, 1961.

[226] 尼采. 权力意志 [M]. 北京: 商务印书馆, 1906.

[227] 尚玉钒, 富萍萍, 庄珮雯. 权力来源的第三个维度——"关系权力"的实证研究 [J]. 管理学家(学术版), 2011(1): 3-11.

[228] 沈国祯. 浅析责任的涵义、特点和分类 [J]. 江西社会科学, 2001(1): 54–57.

[229] 苏彦捷, 张慧, 张康. 社会决策: 自我利益与他人利益的权衡 [J]. 心理科学, 2012, 35(6): 1423–1428.

[230] 孙晓玲, 张云, 吴明证. 解释水平理论的研究现状与展望 [J]. 应用心理学, 2007, 13(2): 181–186.

[231] 谭洁, 郑全全. 目标追求过程中的权力效应 [J]. 心理科学进展, 2010, 18(11), 1782–1788.

[232] 唐土红, 彭定光. 权力的德性及道德使命 [J]. 理论与改革, 2005(6): 118–120.

[233] 王娜, 李小曼. 不公平分配中关系对公平认知、情绪和行为的影响 [J]. 心理与行为研究, 2013, 11(2): 239–244.

[234] 王沛, 陈莉. 惩罚和社会价值取向对公共物品两难中人际信任与合作行为的影响 [J]. 心理学报, 2011, 43(1): 52–64.

[235] 王水珍, 张爱卿. 行为责任归因与处罚公平性、严格判断的关系 [J]. 心理科学, 2005, 28(5): 1156–1158, 1147.

[236] 王霞, 于春玲, 刘成斌. 时间间隔与未来事件效价: 解释水平的中介作用 [J]. 心理学报, 2012, 44(6): 807–817.

[237] 王雪, 蔡頠, 孙嘉卿, 等. 社会心理学视角下权力理论的发展与比较 [J]. 心理科学进展, 2014, 22(1): 139–149.

[238] 王仰文. 中国式问责悖论的政治学解释 [J]. 求实, 2014(3): 54–56.

[239] 王永丽, 时勘, 黄旭. 个人主义与集体主义结构的验证性研究 [J]. 心理科学, 2003, 26(6): 996–999.

[240] 韦庆旺. 权力差异和社会动机对谈判行为和结果的影响 [D]. 杭州: 浙江大学, 2008.

[241] 韦庆旺, 俞国良. 问责: 社会心理学不可忽视的概念 [J]. 黑龙江社会科学, 2010(3): 133–136.

[242] 韦庆旺, 俞国良. 权力的社会认知研究述评 [J]. 心理科学进展, 2009, 17(6): 1336–1343.

[243] 韦庆旺, 郑全全. 权力对谈判的影响研究综述 [J]. 人类工效学, 2008, 14(2): 54–56.

[244] 韦庆旺, 郑全全, 俞国良. 权力、社会动机和问责对谈判知觉、行为和结果的影响 [J]. 应用心理学, 2010, 16(1): 27–34.

[245] 魏秋江. 权力线索 [J]. 心理科学, 2012, 35(6): 1478–1483.

[246] 魏秋江, 段锦云, 范庭卫. 权力操作范式的分析与比较 [J]. 心理科学进展, 2012, 20(9): 1507–1518.

[247] 吴宝沛, 寇彧. 西方社会价值取向的研究历程与发展趋势 [J]. 心理科学进展, 2008, 16(6): 987–992.

[248] 吴先伍. 我为他人负责——勒维纳斯的伦理学形而上学研究 [J]. 哲学动态, 2008(2): 64–69.

[249] 肖波. 青少年社会责任心问卷编制 {D}. 长沙: 湖南师范大学, 2009.

[250] 胥遥山, 李永娟. 酒精影响个体社会行为的机制 [J]. 心理科学进展, 2011, 19(4): 565–572.

[251] 杨惠兰, 何先友, 赵雪汝, 等. 权力的概念隐喻表征: 来自大小与颜色隐喻的证据, 心理学报, 2015, 47(7): 939–949.

[252] 杨凯. 独裁者游戏中合作行为背后社会性动机的作用研究 [D]. 杭州: 浙江大学, 2010.

[253] 杨帅, 黄希庭, 陈有国, 等. 人际距离调节自我–他人的神经表征: 来自 oFRN 的证据 [J]. 心理学报, 2014, 46(5): 666–676.

[254] 叶宝娟. 责任心的结构维度及量表编制 [D]. 南昌: 江西师范大学, 2009.

[255] 于洁, 张丽萍. 中美权力距离文化渊源探究 [J]. 船山学刊, 2008(1): 193–196.

[256] 于胜刚. 权力·利益·规则——中国大学学术投票制度研究 [D]. 长春: 东北师范大学, 2010.

[257] 俞国良, 韦庆旺. 权力产生"腐败"吗?——社会心理学的答案 [J]. 黑龙江社会科学, 2009(2): 137–141.

[258] 云祥, 李小平. 权力会导致欺骗吗? [J]. 心理研究, 2012, 5(6): 40–43.

[259] 翟石磊, 李川. 身份认知与文化维度——中美文化背景下的集体主义与个体主义对比研究 [J]. 哈尔滨工业大学学报(社会科学版), 2010, 12(2): 37–43.

[260] 翟学伟. 由公及私: 中国组织资源流向探析 [J]. 江苏社会科学, 1998(2): 169–173.

[261] 翟学伟. 个人地位: 一个概念及其分析框架——中国日常社会的真实建构 [J]. 中国社会科学, 1999(4): 144–157.

[262] 翟学伟. 人情、面子与权力的再生产——情理社会中的社会交换方式, 社会学研究, 2004(5): 48–57.

[263] 翟学伟. 关系与权力：从共同体到国家之路——如何认识传统中国人与中国社会总纲 [J]. 社会科学研究, 2011(1): 85–94.

[264] 张爱卿, 刘华山. 人际责任推断与行为反应策略的归因分析 [J]. 心理学报, 2003, 35(2): 231–236.

[265] 张智勇, 袁慧娟. 社会支配取向量表在中国的信度和效度研究 [J]. 西南师范大学学报 (人文社会科学版), 2006, 32(2): 17–21.

[266] 赵兴奎. 大学生社会责任心结构及发展特点 [D]. 重庆：西南大学, 2007.

[267] 赵兴奎, 张大均. 责任和责任心的涵义与结构 [J]. 山西财经大学学报 (高等教育版), 2007, 10(1): 22–25.

[268] 郑睦凡, 赵俊华. 权力如何影响道德判断行为：情境卷入的效应 [J]. 心理学报, 2013, 45(11): 1274–1282.

[269] 钟毅平, 许文娟, 易文婷, 等. 权力相关词语判断的大小效应及其可控性 [J]. 心理科学, 2015,, 38(2): 383–387.

[270] 钟毅平, 张珊明, 陈芸. 不同权力者人际敏感性的差异, 中国临床心理学杂志, 2013, 21(1): 62–65.

[271] 朱秋飞, 何贵兵. 传统美德认同和责任情境对大学生责任行为倾向的影响 [J]. 应用心理学, 2011, 17(1): 88–94.

附　录

附录一　两种权力感问卷

社会行为调查问卷

您好！感谢您参加本调查。

本部分含有 15 个句子，请逐条阅读问卷中的句子，并根据您的想法和感受，按您对下面各个陈述的同意程度做出相应选择。各个数字代表的含义如下：

－3⋯⋯⋯⋯⋯⋯⋯⋯－2⋯⋯⋯⋯⋯⋯⋯⋯－1⋯⋯⋯⋯⋯⋯⋯⋯0⋯⋯⋯⋯⋯1⋯⋯⋯⋯⋯⋯2⋯⋯⋯⋯⋯⋯3

－3：完全不同意；－2：大部分不同意；－1：略微不同意；0：不能确定；1：略微同意；2：大部分同意；3：完全同意

	题　目	完全不同意	不能确定	完全同意
1	有权力的人总是能找到有用的途径和资源来达成意愿	－3 －2 －1	0	1 2 3
2	有权力的人更容易获得个人的成功	－3 －2 －1	0	1 2 3
3	有权力的人能使别人聆听他所说的	－3 －2 －1	0	1 2 3
4	有权力的人可以随心所欲，不受约束	－3 －2 －1	0	1 2 3
5	有权力的人喜欢支配和操控别人	－3 －2 －1	0	1 2 3
6	有权力的人做事更少考虑社会规范	－3 －2 －1	0	1 2 3
7	有权力的人要接受别人更多的监督和评价	－3 －2 －1	0	1 2 3
8	如果工作中出现失误，有权力的人应承担更多的责任甚至惩罚	－3 －2 －1	0	1 2 3

续表

	题目	完全不同意 不能确定 完全同意
9	有权力的人应该谨言慎行，以身作则	-3 -2 -1 0 1 2 3
10	有权力的人应该做到社会和集体的利益永远优先于个人利益	-3 -2 -1 0 1 2 3
11	有权力的人应该从大局出发，哪怕会牺牲自己的利益	-3 -2 -1 0 1 2 3
12	有权力的人应该花时间去关心国家大事，尽管这样做要牺牲某些个人乐趣	-3 -2 -1 0 1 2 3
13	有权力的人应努力造福更多的人	-3 -2 -1 0 1 2 3
14	有权力的人应该尽可能地帮助别人	-3 -2 -1 0 1 2 3
15	有权力的人要考虑自己行为对他人的影响	-3 -2 -1 0 1 2 3

附录二 文化价值取向量表

文化价值取向量表

您好！感谢您参加本调查。

本部分含有32个句子，请逐条阅读问卷中的句子，并根据您的想法和感受，按您对下面各个陈述的同意程度做出相应选择。各个数字代表的含义如下：

-3：完全不同意；-2：大部分不同意；-1：略微不同意；0：不能确定；1：略微同意；2：大部分同意；1：完全同意

		题目	完全不同意 不能确定 完全同意
H-I	1	我经常随心所欲地做事	-3 -2 -1 0 1 2 3
	2	每个人都应该独立生活	-3 -2 -1 0 1 2 3
	3	我喜欢有个人隐私	-3 -2 -1 0 1 2 3
	4	我喜欢直截了当地与人讨论问题	-3 -2 -1 0 1 2 3
	5	我是一个独特的个体	-3 -2 -1 0 1 2 3
	6	我自己的事就要自己承担	-3 -2 -1 0 1 2 3
	7	我会成功是因为我的能力	-3 -2 -1 0 1 2 3
	8	我会寻找一种与别人不一样的方法来解决问题	-3 -2 -1 0 1 2 3
V-I	1	当别人做得比我好时，我会感到烦恼	-3 -2 -1 0 1 2 3
	2	竞争是自然界的法则	-3 -2 -1 0 1 2 3
	3	当别人做得比我好时，我会感到紧张	-3 -2 -1 0 1 2 3
	4	有竞争，社会才会发展得更好	-3 -2 -1 0 1 2 3
	5	胜利就是一切	-3 -2 -1 0 1 2 3

续表

		题 目	完全不同意　不能确定　完全同意
V-I	6	对我来说，工作比别人做得更好是很重要的	-3 -2 -1 0 1 2 3
	7	我喜欢在竞争的氛围中工作	-3 -2 -1 0 1 2 3
	8	比起其他人，我不是很在意赢的结果	-3 -2 -1 0 1 2 3
H-C	1	愉快地与同事共事对我很重要	-3 -2 -1 0 1 2 3
	2	同事得到奖励，我会感到骄傲	-3 -2 -1 0 1 2 3
	3	亲戚有经济困难时，我会尽力帮助	-3 -2 -1 0 1 2 3
	4	保持团体和谐是很重要的	-3 -2 -1 0 1 2 3
	5	我喜欢与邻居分享生活琐事	-3 -2 -1 0 1 2 3
	6	我喜欢与人合作	-3 -2 -1 0 1 2 3
	7	我认为幸福取决于我对待身边烦恼的态度	-3 -2 -1 0 1 2 3
	8	对我来说，快乐时光是与他人共同度过的时光	-3 -2 -1 0 1 2 3
V-C	1	如果得不到家人支持，我会放弃参加我喜欢的活动	-3 -2 -1 0 1 2 3
	2	我会做讨家人开心的事，即便我很不喜欢那件事	-3 -2 -1 0 1 2 3
	3	在旅行前，我会征求家人和朋友的意见	-3 -2 -1 0 1 2 3
	4	为了集体利益，我会牺牲个人利益	-3 -2 -1 0 1 2 3
	5	比起快乐，孩子首先应该学会如何负责	-3 -2 -1 0 1 2 3
	6	在集体中，我讨厌别人反对我的观点	-3 -2 -1 0 1 2 3
	7	在家里，我们应该多花点时间陪陪父母	-3 -2 -1 0 1 2 3
	8	父母获得卓越的奖项，孩子会感到很自豪	-3 -2 -1 0 1 2 3

附录三　权力感启动材料和分配情境

您好。非常感谢您参加我们的实验。

请您阅读完背景资料后，根据各部分的具体要求，按照顺序完成下列任务。

在完成的过程中，请不要交流或议论，只需按照您最真实的想法认真回答即可。

背景资料：

在内蒙古某地区有一块公共牧场，周围的牧民都可以在公共牧场放牧。对于每一个牧民来说，自己在公共牧场上放养的羊越多，则自己的收益越大，因此每个牧民都希望自己能养更多的羊。但是，牧草的生长速度有限，如果羊的数量过多以至于超过牧草生长的更迭率就会导致牧草的枯竭，所有的牧民就都不能够放羊了。

为了保证牧场能够在正常更迭的前提下发挥最大的效益，需要有一位领导者来统一管理牧场。

第一部分：假设你就是这片公共牧场的管理者，请尽可能真实地想象该场景，并用下列词汇和管理者角色写出你对牧场管理的感受(50～60字左右)。要求列出的所有词汇都要用上，然后评价你当前的心理状态

词汇：自我提升，支配感，自信，控制，获得，应得，回报(控制感条件下)

请用以上所有词汇和管理者角色写一小段话，描述你作为领导的感受(50～60字左右)

请根据下表评价你当前的心理状态，将选项圈出
数字含义：1代表非常弱…………………4代表不确定有点强…………………
　　　　　7代表非常强

我觉得我拥有权力	1……2……3……4……5……6……7
我觉得我有很强的控制感	1……2……3……4……5……6……7
我觉得我有很高的责任感	1……2……3……4……5……6……7

注：责任感启动条件下，词汇内容更换为自我约束、责任感、自省、限制、克制、依存、付出。

第二部分：作为公共牧场的管理者，你的主要工作任务是为草原上的牧民分配与牧场相关的各种资源。牧场现有可分配的草场共有8块，每块的面积不同(下表)。
××牧场草地编号和面积表：

地块编号	南1	南2	北1	北2	东1	东2	西1	西2
地块面积（公顷）	2	4	6	8	10	12	14	16

目前，你所管理的牧场共有甲、乙两户牧民。甲、乙两户牧民基本情况相似，但甲户家庭中有一位你非常熟悉的亲人，而乙户家庭是新来的牧民你不太熟悉。甲、乙两户均不清楚划拨方案的具体信息，完全服从你的决定。

现在要将这些牧场地块分配给甲、乙两户牧民。经过详细的计算，在两户间的分配方案(即牧场分配的地块数、总面积以及平均面积的所有排列组合)列于下。请仔细研究方案A-O并圈出你选择的分配方案。

续 表

分配方案	A		B		C		D		E		F		G		H	
	甲	乙	甲	乙	甲	乙	甲	乙	甲	乙	甲	乙	甲	乙	甲	乙
地块数	1	7	2	6	3	5	4	4	4	4	4	4	4	4	4	4
总面积	9	63	18	54	27	45	36	36	20	52	23	49	27	45	31	41
均面积	9	9	9	9	9	9	9	9	5	13	5.6	12.25	6.75	11.25	7.75	10.25
分配方案	I		J		K		L		M		N		O			
	甲	乙	甲	乙	甲	乙	甲	乙	甲	乙	甲	乙	甲	乙		
地块数	7	1	6	2	5	3	4	4	4	4	4	4	4	4		
总面积	63	9	54	18	45	27	52	20	49	23	45	27	41	31		
均面积	9	9	9	9	9	9	13	5	12.25	5.6	11.25	6.75	10.25	7.75		

附录四 词汇范畴判断材料

消费品的归类习惯调查问卷

您好!感谢您参加本调查。

以下内容是想了解人们对消费品的归类习惯,你觉得以下各个样例是否属于或者能够代表其所在的类别,请用 10 点评分来表示,将你的评分填在样例后的括号内。

其中,1:完全不属于此类别;5:不属于但是与此类很相似; 6:属于但是不是非常好的范例;10:完全属于或代表此类别。2~4 所代表的内容介于 1 号 5 之间,7~9 代表的内容介于 6 和 10 之间。

类别	样例和评分	样例和评分	样例和评分	样例和评分
服装	衬衫( )	戒指( )	裤子( )	手提包( )
家具	衣柜( )	马桶( )	笔筒( )	沙发( )
蔬菜	白菜( )	芹菜( )	西瓜( )	大蒜( )

附录五　行为识别问卷

行为识别问卷(BIF)

您好！

　　下面题项列举的是一些行为事件，对应每一个事件右边会有两种不同的解读，请您首先根据自己的第一反应对事件进行解读，再对照右边两个选项，从中选出更符合你解读方式的一项(直接在选项上画圈)。选项无对错之分，每题必须只选择一项。

　　谢谢您的合作。

题号	事件	解读	题号	事件	解读
1	列事件清单	A. 让事情变得有条理 B. 把事情写下来	14	爬树	A. 在高处饱览风景 B. 抓住树枝
2	阅读	A. 一行一行地看 B. 获取知识	15	填写人格测验	A. 回答问题 B. 揭示真正的你
3	参军	A. 投身国防事业 B. 报名	16	刷牙	A. 防止蛀牙 B. 在嘴里移动牙刷
4	洗衣服	A. 去掉衣服上的异味 B. 把衣服放进洗衣机	17	考试	A. 回答问题 B. 展示一个人的知识水平
5	摘苹果	A. 找点吃的东西 B. 将苹果从树枝上摘下	18	打招呼	A. 说"你好" B. 表示友好
6	砍倒一棵树	A. 抡斧头 B. 得到柴火	19	抵制诱惑	A. 说"不" B. 表现道义的勇气
7	为铺地毯丈量房间	A. 为改造房间做准备 B. 使用码尺测量	20	吃东西	A. 获取营养 B. 咀嚼和吞咽
8	打扫房间	A. 展示一个人的清洁 B. 用吸尘器清理地板	21	种植菜园	A. 种下种子 B. 获得新鲜蔬菜
9	粉刷房间	A. 用刷子画画涂刷 B. 使房间焕然一新	22	乘车旅行	A. 照着地图走 B. 看看乡村风光
10	付房租	A. 保留居住的地方 B. 付钱	23	补牙洞	A. 保护牙齿 B. 去看牙医
11	照顾盆栽植物	A. 给植物浇水 B. 使房间看起来更漂亮	24	与孩子交谈	A. 教小孩东西 B. 用简单的语言
12	锁门	A. 把钥匙放在锁孔里拧 B. 保护房子的安全	25	按门铃	A. 动动手指 B. 看某人是否在家

续 表

题号	事件	解读	题号	事件	解读
13	投票	A. 影响选举结果 B. 在选票上画圈			

附录六 社会支配取向 SDO 测量

SDO 量表（中文版）

请仔细阅读每一句话，然后根据你同意或不同意的程度，在每一句话后标上相应的数值，这些数值所代表的意义如下。

–3··········–2··········–1··········0··········1··········2···...···3

–3：完全不同意；–2：部分不同意；–1：略微不同意；0：不能确定；:1：略微同意；2：部分同意；3 完全同意

题号	题目	完全不同意	不能确定	完全同意
1	有些群体本来就不如其他群体	–3 –2 –1	0	1 2 3
2	为了得到想要的东西，有时对其他群体必须使用一些强制力量	–3 –2 –1	0	1 2 3
3	在生活中一些群体比其他群体拥有更多的生存发展机会，那也是无可厚非的	–3 –2 –1	0	1 2 3
4	为了在一生中出人头地，有时候拿别人当梯子是必要的	–3 –2 –1	0	1 2 3
5	如果某些群体能够安分地留在他们的位置上，我们就会减少很多麻烦	–3 –2 –1	0	1 2 3
6	一些群体处在上层，另一些群体处在下层，或许也是件好事情	–3 –2 –1	0	1 2 3
7	比较差的群体应该安分地留在他们自己的位置上	–3 –2 –1	0	1 2 3
8	有时候其他群体必须被限制在他们自己的地方	–3 –2 –1	0	1 2 3

续表

题号	题 目	完全不同意	不能确定	完全同意
9	如果各群体都是平等的，那将是一件挺好的事情	−3	−2 −1 0 1 2	3
10	社会各群体相互平等应成为我们的理想	−3	−2 −1 0 1 2	3
11	所有群体在生活中都应该拥有相等的生存和发展机会	−3	−2 −1 0 1 2	3
12	我们应尽全力来使不同群体的待遇达到平等	−3	−2 −1 0 1 2	3
13	我们实在应该多加强社会平等	−3	−2 −1 0 1 2	3
14	如果我们更加平等待人，我们就不会有这么多问题了	−3	−2 −1 0 1 2	3
15	我们应致力于使大家的收入尽可能相等	−3	−2 −1 0 1 2	3
16	任何一个群体都不应该在社会中占有较大的优势	−3	−2 −1 0 1 2	3
17	社会发展是由少数精英推动的	−3	−2 −1 0 1 2	3
18	有些人就是应该做简单、低下的工作	−3	−2 −1 0 1 2	3
19	某些较低素质人口的流动应该被加以限制	−3	−2 −1 0 1 2	3

附录七 识解水平启动材料

领导力思维训练

您好。感谢您参加我们的实验。日常生活中，无论我们做什么事情，都有一个如何做的过程。我们总是能把我们大的人生目标分解成我们特定的行为。比如，你希望自己将来生活幸福，如何才能生活幸福？可能需要找到一个好工作。如何才能找到一个好工作？可能需要一个本科学位。如何才能拿到本科学位？可能需要通过四级考试。如何才能通过四级考试？可能需要努力学习英语。

有学者认为，通过问自己怎么做，把我们特定的生活目标分解成具体的行为的思维练习有助于提高我们的问题解决方式和管理能力。

例如：

作为一名公共牧场的管理者，你也可以通过这样的思维训练提升你的问题解决能力。以"促进和保持身体健康"为例：

请思考：怎么来"促进和保持身体健康"？思考的时候，请把你的注意力集中于"怎么做"上，把"促进和保持身体健康"和具体的行为相联系。

请用简练的语言（10个字左右）写下你所能想到的理由，填写在下面的框内。

请自上而下填写：

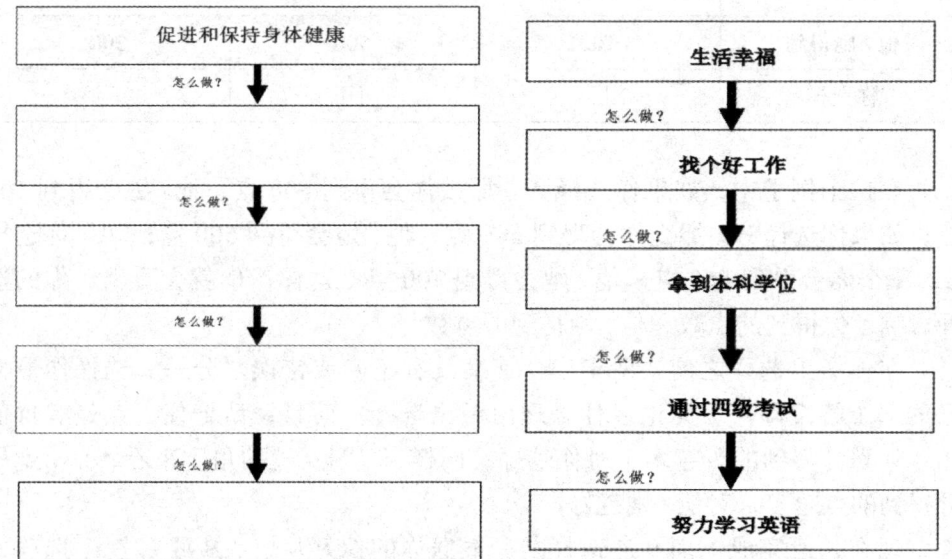

注：附录所示为低识解启动条件下的材料。高识解启动条件下，图中所有的"怎么做"都换成"为什么"，并且箭头向上，自上向下填写。

附录八 社会价值取向测量

分配游戏

想象一下，随机地将你与另一个人(称为"他/她")组成一组。你们俩互不相识，而且永远不会相遇。

现在，给你们俩呈现 A、B、C 三个选项，你们俩同时分别从中选择一项。你自己的选择会为你和他/她产生点，同样，他/她的选择也会为你和他/她产生点。每个点都是有价值的：你得到的点数越多，对你越好；他/她得到的点数越多，对他/她越好。

例如：

	A	B	C
你得到	500	500	550
他/她得到	100	500	300
你选择	□	□	□

在这个例子中，如果你选择 A，那么你会得到 500 点，他/她会得到 100 点；如果你选择 B，那么你会得到 500 点，他/她会得到 500 点；如果你选择 C，那么你会得到 550 点，他/她会得到 300 点。这样，你就会看出，你的选择影响了你得到的点数和他/她得到的点数。

在你做出选择之前，请牢记，答案没有正确或错误之分——选择你最偏好的那个答案即可，无论以什么理由做出选择。而且，请记住，点是有价值的：你累计得到的点越多，对你越好。同样，从他/她的角度来看，他/她累计得到的点越多，对他/她越好。

现在，请完成下面 9 道选择题，根据你的偏好从 A、B 或 C 三个选项中选择一个，并在对应的"□"上划"√"。

(1)	A	B	C	(6)	A	B	C
你得到	480	540	480	你得到	500	500	570
他/她得到	80	280	480	他/她得到	500	100	300
你选择	□	□	□	你选择	□	□	□
(2)	A	B	C	(7)	A	B	C

续 表

你得到	560	500	500	你得到	510	560	510
他/她得到	300	500	100	他/她得到	510	300	110
你选择	□	□	□	你选择	□	□	□
(3)	A	B	C	(8)	A	B	C
你得到	520	520	580	你得到	550	500	500
他/她得到	520	120	320	他/她得到	300	100	500
你选择	□	□	□	你选择	□	□	□
(4)	A	B	C	(9)	A	B	C
你得到	500	560	490	你得到	480	490	540
他/她得到	100	300	490	他/她得到	100	490	300
你选择	□	□	□	你选择	□	□	□
(5)	A	B	C				
你得到	560	500	490				
他/她得到	300	500	90				
你选择	□	□	□				

附录九 社会关系分配材料

模拟投资与分配游戏

各位朋友：

大家好。感谢您参加本实验。以下的实验可能要占用您一些宝贵的时间，谢谢您的合作。为表示对您的感谢，在您完成实验后会赠送您一份小纪念品。

第一部分：个人信息填写（略）

第二部分：实验简介和练习

本实验是模拟现实中的团队投资任务。在由各位成员随机组成的小组中，分别有以下模拟角色：家人、领导、下属、陌生人。这些角色分别由您和联网参加实验的人员扮演，请您尽量将其想象为真实的角色。

小组中的每个成员拥有100元的个人资产。成员可以将个人资产向公共财物投资（0到100元的整数），投资后的公共财物金额将按照20%的比例增值。增值后的公共财物中有一部分是完全平均分配给各个成员，其余部分由管理者决定如何分配。实验结束后，将按照个人财物的数量奖励相应等级的纪念品。

作为成员推举/领导任命的管理者，你需要在小组成员完成投资过程后对公共资源进行分配。大家都认可你有权对资源进行分配。在每次完成投资过程和资金增值过程后，请你将可自由分配的资金分配给各个成员（填写分配的百分比。注意分配给所有成员的数量总数为100%。）。

下面将进行一次练习，如果您有任何疑问，请向工作人员咨询。然后请进入正式实验。在正式实验过程中，将不得提问和交流。

实验过程练习

投资过程：

现在请等待小组成员向公共财物投资。

分配过程 F-1：如果您是管理者，您将看到以下信息：

此次小组投入总数为110元，按照20%的比例增值后为132元，请将增值后的金额分配给小组成员。请在成员对应的空内填上相应的百分比。

务必注意，要保证填写的百分比之和务必为100，否则您的数据将作废。您可以拖动滑动条输入，也可以通过文本枢直接输入百分比值。如果您选择滑块调节输入，调整好分配比例后，题后显示的剩余可分配比例的数字必须是0，不能是负数或其他数。如果您选择文本输入，请务必保证所有比例相加后为100。

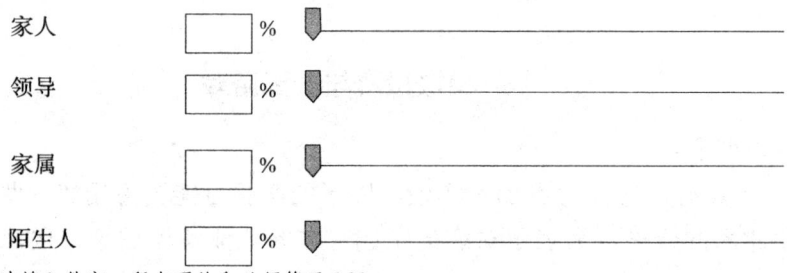

提示：请填入数字，所有项总和必须等于100。

以上即为练习过程，如果您有任何疑问，请向工作人员提问。在正式实验开始时将不能进行交流和提问。如果您已经准备好开始正式实验，请按"下一页"开始进入正式实验。

注：练习结束后确保每个被试都理解实验过程，然后进行领导力思维训练（同附录七），接着进入第三部分正式实验。正式实验的分配过程与练习部分过程相同，重复三轮。